全国中等职业技术学校**物业管理与维修**专业教材

WUYE HUANJING GUANLI

关红丽　主编

物业环境管理

（第二版）

人力资源和社会保障部教材办公室组织编写

中国劳动社会保障出版社

图书在版编目(CIP)数据

物业环境管理/关红丽主编. —2版. —北京：中国劳动社会保障出版社，2014
全国中等职业技术学校物业管理与维修专业教材
ISBN 978-7-5167-0761-6

Ⅰ.①物… Ⅱ.①关… Ⅲ.①物业管理-环境管理-中等专业学校-教材 Ⅳ.①F293.347 ②X322

中国版本图书馆 CIP 数据核字(2014)第 078591 号

中国劳动社会保障出版社出版发行
（北京市惠新东街1号 邮政编码：100029）

*

三河市华骏印务包装有限公司印刷装订 新华书店经销
787毫米×1092毫米 16开本 7.75印张 141千字
2014年4月第2版 2021年12月第3次印刷
定价：**15.00**元

读者服务部电话：（010）**64929211/84209101/64921644**
营销中心电话：（010）**64962347**
出版社网址：**http://www.class.com.cn**
http://jg.class.com.cn

前　言

全国中等职业技术学校物业管理与维修专业教材自出版以来，在中等职业技术学校教学中发挥了重要作用，受到了广大师生的好评。近年来，随着国民经济的发展和城市建设的加快，我国物业管理行业进入了一个新的发展阶段，物业企业的运营模式、服务流程、管理质量等不断向标准化、专业化、信息化的方向发展。为了培养更加适合物业企业需求的中级技能人才，我们组织一批教学经验丰富、实践能力强的教师与行业、企业的专家，在充分调研的基础上，对第一版教材进行了修订和补充。

本次修订的教材包括：《物业管理概论（第二版）》《房地产概论（第二版）》《公共关系实务（第二版）》《物业环境管理（第二版）》《给排水设备管理与维修（第二版）》《暖通空调设备管理与维修（第二版）》《物业电工（第二版）》。在修订教材的同时，我们还针对教学实际需求，新开发了《楼宇智能化设备应用》和《房屋维修与管理》。

本次教材修订（开发）工作的重点主要体现在以下几个方面：

第一，突出教材的实用性。根据物业企业的工作实际和物业管理员国家职业标准，调整了相关教材的结构和内容，本着“学以致用”的原则，突出对学生实际操作能力的培养。

第二，突出教材的先进性。根据物业企业的现状和发展趋势，在教材中尽可能多地体现了新设备、新技术、新方法，以期缩短学校教育和企业岗位需求的距离。

第三，突出教材的可读性。在教材编写上，力求文字表达通俗易懂，并较多地采用以图代文、以表代文的表现形式，以降低学生的学习难度，激发学生的学习兴趣。

第四，突出教材的易用性。本套教材配有电子教案，便于教师教学工作的开展，以达到优化课堂教学结构、提高课堂教学效率的目的。

本套教材的编写工作得到了有关省、市人力资源和社会保障部门以及一批中等职业技术学校的大力支持，教材编审人员做了大量的工作，在此，我们表示衷心的感谢。同时，恳切希望广大读者对教材提出宝贵的意见和建议。

人力资源和社会保障部教材办公室

简 介

本书为国家级职业教育规划教材，由人力资源和社会保障部教材办公室组织编写。

本书根据中等职业技术学校物业管理与维修专业的教学实际，针对中职学生的认知特点，深入浅出、简明扼要地讲授了物业环境管理的基本知识和方法，主要内容包括：物业环境管理概述、物业环境卫生管理、物业环境绿化管理、物业环境污染管理。

本书由关红丽任主编，许燕丹、龚燕玲参加编写，安静审稿。

目　录

第 1 章　物业环境管理概述

对物业管理的服务对象来说，最能直接感受到物业管理成效和服务水平的是物业环境的好坏，例如物业管理区域（一般意义上的小区）环境是否整齐、洁净，居住区是否存在环境污染，公共场所绿化面积大小和绿化效果如何等，这些都是物业环境管理的重要内容。

一、物业环境的概念和类型

1. 物业环境的概念

物业环境是指物业区域内环境及公共设施的情况和条件，即与业主（一般意义上的居民）、使用人生活和工作密切相关的各种必需条件和外部因素的总和。

2. 物业环境的类型

物业环境按物业用途的不同，可分为生活居住环境、生产环境、商业环境和办公环境，见表 1—1—1。

表 1—1—1　　物业环境的类型

类型	图示	说明
生活居住环境		生活居住环境是指提供给人们居住的物业环境，包括内部居住环境和外部居住环境。内部居住环境是指居住物业住宅建筑的内部环境；外部居住环境是指居住物业所在区域内，与居民生活居住密切相关的各类公共建筑、公共设施、绿化、院落和室外场地等设施与设备的情况和条件
生产环境		生产环境是指提供给企业及其生产者从事产品生产的相关设施与条件

续表

类型	图示	说明
商业环境		商业环境是指用于商业目的如商业中心、宾馆饭店、游艺场馆和商务写字楼等物业所在区域的情况和条件
办公环境		办公环境是指以办公为目的的物业环境

3. 物业环境的特点

（1）物业环境是内部居住环境与外部居住环境的统一体

内部居住环境和外部居住环境，虽然它们各自独立、自成系统，但又是相互影响、相互作用的。内部居住环境离不开外部居住环境，外部居住环境的好坏也离不开内部居住环境。

（2）物业环境是硬环境与软环境的统一体

硬环境是指与业主和使用人有关或所处的外部物质要素的总和，是生活和工作必要的物质条件，即房屋建筑、附属设备、公共设施和相关场地。软环境是指与业主和使用人有关或所处的外部精神要素的总和，它是无形的、人际的、文化的，能对人们的生活和工作施加一定的影响。这两种环境相互影响、相互作用，硬环境的建设离不开软环境的支持，软环境的建设也离不开硬环境的物质基础。

（3）物业环境是自然环境与社会环境的统一体

物业环境不仅包括自然物质要素，如空气、水、树木花草等，同时也包括社会物质要素，如环境管理、宣传教育、执法监督等。这两种环境要素也是相辅相成的，自然环境离不开社会的经济、政治和文化的发展，离不开社会的环境管理、宣传教育、执法监督；社会环境的发展要以自然环境为基础。

二、物业环境管理的概念和目标

1. 物业环境管理的概念

物业环境管理是物业公司按照物业服务合同约定，对所管辖区域的物业环境进行管理的活动，是物业公司通过执法检查、履约监督、制度建设和宣传教育等工作，进行物业环境维护及综合整治工作的总称，旨在从精神上、文化上、制度上和管理上影响业主和使用人，使业主和使用人树立起高度的环境保护意识，力求业主和使用人素质与环境质量的高度协调与统一，共同创建一个整洁、舒适、优美、文明的生活和工作环境。

物业环境管理是物业管理的专项内容，是物业管理系统中一个十分重要的环节。物业环境管理的主体一般是企业性质的物业公司，还包括一些物业公司聘用的专业清洁公司、绿化公司等。物业环境管理作为物业管理的一部分，也是一种市场行为和有偿活动。

2. 物业环境管理的目标

（1）创造一个洁净、整齐的卫生环境

这是物业环境管理的基本目标。物业管理区域的卫生是否干净、设施是否整洁最能直观体现物业环境的好坏和管理水平的高低。如果物业管理区域内存在道路及绿地内随处可见杂物、楼道墙角灰尘覆盖、各种设施锈迹斑斑、各种设备损坏严重、公共网线杂乱交织等现象，那就表明物业环境管理没有达到目标要求，必须进行彻底整改。

（2）创造一个清新、绿色的美好环境

随着人们生活水平的不断提高，光有洁净的卫生环境还不能满足业主日益提高的物质和精神文明的要求，因此，物业环境管理不仅要创造良好的卫生环境，还要合理开发和利用物业区域的自然资源，维护物业区域的生态平衡，防止物业区域的自然环境和社会环境受到破坏与污染，并对物业区域进行美化和绿化，建设一个适合于生活的良好生态环境。

（3）创造一个放心、稳定的安全环境

这个目标实质上是通过对硬环境建设来改善软环境的目标。物业公司有责任和义务贯彻国家关于物业环境保护的政策、法规、条例、规划等，并具体制定物业环境安全管理方案和措施，做好物业环境安全的维护和监督工作，选择切实可行的能够保护和改善物业环境安全的途径，形成一个社会安定、居住安全的物业管理区域，为社会稳定和发展尽到物业公司的责任。

（4）创造一个和谐、舒适的人文环境

通过物业管理人员的热情服务、积极开展保护环境的宣传教育、引导业主参与物业环境管理等手段，实现高水平的物业环境管理，保证正常的生活和工作秩序。

三、物业环境管理的内容

1. 物业环境卫生管理

物业环境卫生管理是物业管理中一项经常性的管理服务工作，其目的是净化环境，给业主和使用人提供一个清洁宜人的工作、生活环境。良好的环境卫生不但可以保持物业区域的整洁，而且对于减少疾病、促进身心健康十分有益，同时，对社会精神文明建设也具有很重要的作用。

2. 物业环境绿化管理

物业环境绿化管理是指通过对物业内外及其附属设施的园林绿化植物及园林建筑、园艺小品等进行养护管理、保洁、更新、修缮，并对园林植物等采取浇水、施肥、修剪、中耕除草及病虫害防治、防台防汛、防寒等养护管理措施，达到改善、美化环境，保持环境生态系统良性循环的效果，并使业主的物业得到保值和升值。

3. 物业环境污染管理

物业环境污染管理是指物业公司通过采取管理、法律、经济、科学技术和宣传教育等方面的措施，防治和控制可能发生的物业区域内的大气污染、水体污染、噪声污染和装修污染等。

4. 物业车辆交通管理

车辆是人流、物流的载体，物业区域的交通道路是物业人流、物流流动的通道。物业相对于其外部环境，车辆交通是对外联系的主要载体与通道，在物业使用中有着特殊的重要性。车辆交通管理的目的是为了建立良好的交通秩序、车辆停放秩序，确保物业业主、使用人和受益人的车辆不受损坏和失窃。

5. 物业治安管理

物业区域内的治安管理工作是指物业管理企业为防盗、防破坏、防意外及突发事故而对所管物业区域内进行的一系列管理活动。治安管理防治的对象主要是人为造成的事故与损失，其目的是避免所管物业区域内财物受损失、人身受伤害，维护正常的工作、生活秩序。治安管理在整个物业管理中占有重要的地位。它是物业业主、使用人和受益人正常工作、安居乐业的基本保证，也是整个社区及社会安定的基础。同时，良好的物业治安环境能提高物业管理企业的声誉。

6. 物业消防管理

消防管理工作在物业管理中占有头等重要的地位。为使物业业主、使用人和受益人有一个良好的物业使用环境，物业公司应做好物业消防设施和器材的配置与管理、消防宣传教育等工作，要预防物业火灾的发生，最大限度地减少火灾损失，为物业业主、使用人和受益人的生产与生活提供安全环境，增强其安全感，确保其生命和财产的安全。

本书重点讲解物业环境管理中卫生、绿化、污染等方面的内容，车辆、治安、消防等方面的管理内容将在本系列教材《物业公共秩序管理》一书中做详细讲解和介绍。

四、物业环境管理的手段

1. 法律手段

在我国，从中央到地方颁布了一系列环保法律、法规，特别是物业环境管理的相关法律、法规的颁布，对物业环境保护与防治污染起到了十分明显的效果。运用法律手段是物业环境管理的一项强制性措施。

2. 经济手段

在物业环境管理中，要遵循价值规律，利用价格、税收、信贷等经济杠杆保护环境、消除污染的行为，以便限制损害环境的社会经济活动，促进节约和合理利用资源，充分发挥环境管理中的经济杠杆使用，如排污收费、经济处罚、损失赔偿、治污奖励等保护环境的经济措施的综合利用。

3. 行政手段

物业所在区域的环境管理部门，应根据国家行政法规所赋予的职责对环境资源保护工作实施具体的管理措施，主要包括定期或不定期地向同级政府机关报告本地区的环境保护情况和工作，对贯彻国家有关环境保护方针、政策提出具体的意见和建议。物业环境管理的主体是指物业管理活动的参与者，主要包括政府有关部门、物业建设单位、物业管理企业、专业公司等。政府在社区自治的过程中发挥着引导性的作用，扮演“掌舵人”的角色，物业公司是环境服务的主要提供者。

4. 技术手段

运用技术手段对物业环境进行科学化管理，包括制定物业环境质量标准，组织开展环境影响评价，编写环境质量报告，总结推广防治污染的先进经验，开展物业环境管理的研究、交流与合作，为制定环境保护技术政策提供依据。

5. 宣传教育手段

物业环境管理人员应该加强物业区域内环境保护的宣传，使业主和使用人了解环境保护的重要意义和内容，激发他们保护环境的热情和积极性，把保护环境变为自觉行为，形成强大的社会公众意识和公众舆论，制止浪费资源、破坏与污染环境的行为。

思考与练习

1. 物业环境的类型主要有哪几种？

2. 物业环境管理的目标是什么？

3. 物业环境管理的内容是什么？

4. 物业环境管理的手段都有哪些？

5. 选择本地区几个有代表性的物业区域，将各物业环境中软环境和硬环境的构成要素分别列举出来，并根据实际情况提出影响该区域物业环境的负面因素，然后填入表1—1—2。在参观代表性物业区域后归纳各类物业环境的主要影响因素，从中选取最重要的三个因素填入表1—1—3。

表1—1—2　　各类型代表物业环境构成要素分析

类型	名称	软环境构成要素	硬环境构成要素	影响该楼盘物业环境的负面因素
住宅				
别墅				
商场				
写字楼				
工业厂房				
学校				

表1—1—3　　各类物业环境的影响因素

物业类型	环境影响因素
居住物业	1.
	2.
	3.
商业物业	1.
	2.
	3.
工业物业	1.
	2.
	3.
特殊物业（可从学校、医院、公园、飞机场选其一）	1.
	2.
	3.

第 2 章　物业环境卫生管理

物业环境卫生管理是物业管理的重要组成部分，是衡量物业管理工作质量的基本指标。物业公司要有专门的清洁工作人员、专门的清洁机械工具以及科学的管理办法，通过宣传教育、监督治理和日常的保洁工作，保持物业区域内的清洁卫生，提高物业环境效益。

第 1 节　物业环境卫生管理概述

物业环境卫生管理是指物业公司直接监督和进行日常清洁工作，保护物业区域的环境，防治环境污染，同时对辖区环境定时、定点、定人进行日常生活垃圾收集、处理、清运，它是物业管理中一项专业化的工作，如图 2—1—1 所示。

图 2—1—1　物业环境卫生清洁

一、物业环境卫生管理的特点

1. 专业化

专业化是指环境卫生管理具有专门的分工、专门的组织机构、专门的管理制度与措施、专门的工作程序与标准、专门的设备与技术，以及专业技术人员和专门管理人才等。只有高度的专业化，才能保证物业管理服务的高效、优质和快捷。因此，物业清洁服务一般由具有一定规模的专业化清洁服务公司来提供，实行有偿服务。

2. 服务性

物业管理属于服务行业，因此，物业清洁管理无论是工作时间、工作方式、仪容仪表、举止行为、语言还是服务态度上，都应遵循服务行业的要求，以免给广大业主带来不便。例如，为了避免在工作时给业主造成影响，物业清洁在工作中要提倡“零干扰”。

3. 经常性

开展经常性物业保洁的目的是：使被清洁的物品和设施在不受损坏的前提下，恢复完美状态，延长使用寿命，实现物有所值或增值。例如，每天收集、清运生活垃圾，每周进行“四害”消杀，每半年进行生活水箱清洗等。可以说，物业清洁服务是一项长期性、经常性的工作。

4. 技术性

物业保洁服务工作与其他物业服务工作相比具有较强的技术性，物业保洁员在从事保洁工作之前，应先接受系统的理论与实操培训，以掌握各种清洁机器的操作方法，清洁剂的分辨方法，对地面等不同区域的保洁方法。没有经过专业系统的培训、未掌握一定技术的保洁人员，很难将物业保洁工作做好。

二、物业环境保洁部的主要工作内容

1. 制定保洁管理制度及保洁考核标准

（1）制定保洁管理制度

保洁管理制度是环境卫生保洁工作得以顺利进行的根本保证，物业公司应建立完善保洁岗位责任制、保洁岗位操作规程、劳动纪律及安全操作规定等。下面是某物业公司的保洁管理制度。

某物业公司保洁管理制度

1. 清洁工具的领用

(1) 需用设备必须填写领用登记表。

(2) 领用设备时，领用人需自行检查设备的完好程度，若因检查不周，造成病机出库而影响工作的，由领用人自行负责。

(3) 使用设备时如发生故障，不得强行继续操作，违者罚款。

(4) 因使用不当，发生机具、附件损坏者，按规定赔偿。

(5) 归还设备时，必须保证设备完好无损，内外干净，如有损坏，应及时报修，并在领用簿上注明损坏情况。

(6) 凡不符合上述领用要求的，保管人员有权拒收，由此影响工作的，由领用人自行负责。

2. 常用工具的操作

(1) 使用前，要了解设备的性能、特点、耗电量等。

(2) 操作前先清理场地，防止接线板、电动机进水或因电线卷入正在操作的设备中而损坏设备。

(3) 擦地机、抛光机、地毯清洗机、吸水机、吸尘器等设备均需按照使用说明正确操作，正确使用。

(4) 高压水枪不能在脱水情况下操作。

(5) 设备使用后，按要求做好清洗、保养工作。

3. 清洁人员的安全操作规程

(1) 牢固树立“安全第一”的思想，确保安全操作。

(2) 清洁人员在超过2米高处操作时，必须双脚踏在凳子上，不允许单脚踏在凳子上，以免摔伤。

(3) 清洁人员在使用清洁机器时，不得用湿手接触电源插座，以免触电。

(4) 清洁人员在不会使用清洁机器时，不得私自开动，以免发生意外事故。

(5) 清洁人员在使用热水时，应精力集中，以免烫伤。

(6) 清洁人员应该严格遵守防火制度，不得动用明火，以免发生火灾。

(7) 在操作与安全发生矛盾时，应先服从安全需要，以安全为重。

(8) 室外清洁人员在推垃圾箱时，应小心操作，以免压伤手脚。

---

(2) 制定定量、定期考核标准

每日卫生保洁操作考核内容：物业区域的人行道、机动车道，绿化区域，建筑物的各楼层过道和通道，楼梯及扶手，生活垃圾（包括垃圾箱内的垃圾），电梯间，卫生间等项目的保洁。

每周卫生保洁操作考核内容：建筑物的天台、天井和各楼层公共走廊，用户信箱，电梯表面保护膜，手扶电梯打蜡，公用部位门窗，空调风口百叶，地台表面，储物室等项目的保洁。

每月卫生保洁操作考核内容：建筑物公共部位的天花板、四周墙板，物业区域公用部位窗户、公用电灯灯罩和灯饰，地台表面、卫生间、抽排气扇、地毯等项目的保洁。

2. 做好物业区域的日常保洁管理

日常保洁管理包括室内、室外公共区域的保洁管理，墙面的保洁管理，地面的保洁管理，保洁标识的制作等。其中室外公共区域的保洁管理包括道路的清扫，街心公园、广场的保洁，绿化带的保洁，地下管井的疏通，化粪池的清理，喷水池的清洁，人工湖的清洁，游乐设施的清洁，路灯的清洁，塑料装饰物、标识、宣传牌的清洁，天台、雨篷的清洁，垃圾桶的清洁，排水明沟的清洁，信报箱的清洁，监控探头的清洁等。室内公共区域清洁管理包括大堂的保洁、楼梯通道的保洁，电梯的保洁，卫生间的保洁，办公室的保洁，室内车库和地下室的保洁，会所保洁等。

3. 做好卫生设施管理工作

物业公司要做好物业卫生保洁工作，必须备有相应的保洁设备、药剂及必要的环卫设施，同时还应做好这些卫生设施的保养和维修工作。

（1）清洁用车辆

清洁用车辆主要包括清扫车、洒水车、垃圾收集车等。

（2）清洁机械设备

清洁机械设备包括升降工作平台、长梯、抛光机、吸水机、洗地机、吸尘器、伸缩杆、榨水车、地毯清洗机等。

（3）清洁工具及用品

清洁工具及用品主要包括涂水器、玻璃水刮、铲刀、清洁抹布、地拖、扫把、工作警示牌、水桶、起蜡及抛光垫、垃圾袋、刷子等。

（4）清洁药剂

清洁药剂主要包括去污粉、地毯清洁剂、万能清洁剂、起渍水、玻璃清洁剂、洁厕剂、空气清新剂、不锈钢清洁剂、不锈钢油、面蜡、牵尘油、洁具消毒水、杀菌消毒剂、酸性洗剂等。

（5）物业区域内必要的环卫设施

物业区域内必要的环卫设施包括果皮箱、垃圾桶、垃圾周转站等。

4. 开展社区环境文化宣传，提高业主环保意识

保持物业保洁效果，除了物业公司的日常保洁管理外，也离不开广大业主的爱护。

为了促使物业区域内的业主形成一种良好的卫生习惯，必须进行环境卫生社区文化的营造，包括介绍家政保洁小常识，宣传物业区域环境卫生管理规定，制作环境卫生保护标识牌，在物业区域进行环保及绿化知识宣传，举办一些保洁知识培训班、技能竞赛，唤起全体业主的主人翁意识。良好的社区环境文化可使物业保洁管理工作事半功倍。

三、物业环境保洁部的主要岗位及职责

1. 保洁部主管

（1）负责监督执行公司的各项规章制度，制定部门规定。

（2）负责制定公司管辖区域各清洁项目和绿化养护的实施执行标准。

（3）按照公司管理目标，负责公共清洁卫生计划，组织安排各项清洁服务工作。

（4）检查和指导公共卫生区域和家政保洁服务保洁员的工作，确保达到标准。

（5）安排班次和休假，督促员工工作表现与行为。

（6）分配及控制所有清洁、保洁用品及其用量，并监督保管和储藏。

（7）联系家政公司，完成业主需要的家政事宜。

（8）接洽各类清洁服务业务，为公司创收。

（9）定期向公司经理及管理中心办公室汇报工作，汇报完成任务的情况。

（10）经常巡视抽查，发现卫生死角及时解决。

（11）组织管理人员的清洁、绿化技术、家政服务的培训。

（12）根据工作需要及时向公司申报物品采购计划。

2. 技术人员

（1）负责制定清扫管理和绿化养护管理的实施方案。

（2）负责编制人员的计划安排。

（3）负责制定“四害”消杀服务实施方案。

（4）负责核实工具用品的申购计划。

（5）定期巡查所属项目，检查保洁和绿化任务的完成情况。

（6）对一些专用设备进行使用指导。

（7）负责处理纠纷、投诉。

（8）负责各种清洁、绿化、家政服务业务的接洽。

（9）负责对员工进行业务培训和考核工作。

（10）完成领导交办的其他任务。

3. 保洁班组长

（1）接受保洁主管监督，按当日的指示，编制公共区域的保洁任务与人员安排。

（2）检查员工出勤和工作情况，做好考核评估工作。

（3）检查或巡查所辖范围内的保洁效果，如人行道、走廊、广场通道及有关厅堂、外墙玻璃及墙身的保洁、地面洗擦、大理石地面打蜡、不锈钢电梯保养及各种灯饰的擦洗、办公楼打扫、公共洗手间清洁等。

（4）编制各种保洁物料、用品使用计划。

（5）检查督促员工使用、保养、保洁器具和设备，以减少耗损，控制成本。

（6）观察掌握员工工作情绪，指导评估员工的工作态度和工作质量。

（7）做好保洁机具、公共区域水电等方面的使用和维修情况报告。

4. 保洁员

（1）听从上级安排，按规定与标准保质、保量地做好个人负责区域的卫生保洁工作。

（2）严格按照保洁程序，完成保洁任务，确保保洁成果的持续性。

5. 保洁工具材料保管员

（1）按时到岗，及时巡视仓库物品，发现问题及时上报。

（2）认真做好仓库安全和保洁工作，经常打扫仓库，合理堆放货物，及时检查火灾和其他危险隐患。

（3）负责保洁员所用工具、器材和材料用品的收、发工作。收货时，必须严格按质、按量验收，并正确填写入库单。发货时，一定严格审核领用手续是否齐全；对于手续欠妥者，应予以拒绝发放。

（4）发放保洁工具和材料用品时，必须由领班列出清单，经保洁部主管审批签字后，方能发放。

（5）物品出入库要及时登记，收、发账目要清楚。结出余额，以便随时查核。入账要及时，做到当日单据当日清理。

（6）做好月底盘点手续，及时结出月末库存数量，上报给保洁部主管。

（7）禁止私自借用仓库中的保洁工具和材料用品。

（8）做好每月保洁工具和材料用品的库存采购计划，及时呈报给主管，保证采购及时，库存合理。

四、保洁部的管理模式

1. 自行管理模式

自行管理模式是指物业保洁部具有专门的保洁队伍，有较雄厚的技术力量及设备，可自主完成公司管辖范围内所有的保洁日常管理。在自行管理模式下，物业公司保洁部能独立完成对物业各公共区域设施设备的日常养护管理。

2. 合作管理模式

合作管理模式是指在物业保洁管理中一部分工作由保洁部的管理人员自行完成，一部分工作则由保洁部出资由社会其他专业公司组成管理机构，负责物业保洁管理的工作。比较典型的例子是物业需对外墙进行清洗，而自己又没有专业的保洁技术人员及高空作业机械，这就需要由社会上的专业公司承包完成。

3. 外包管理模式

外包管理模式是指物业公司不设专门的保洁管理队伍，只设 1～2 名专职或兼职（视保洁面积大小而定）的保洁质量管理人员，将所管辖范围内的所有环境保洁项目，发包给社会上的专业保洁公司进行管理。外包式保洁管理对于一些保洁范围不是很大的物业公司来说，是一个精简公司机构、减轻公司负担的好方法。

思考与练习

1. 物业环境卫生管理工作具有哪些特点？
2. 物业保洁部的主要工作内容包括哪些？
3. 保洁班组长的工作职责有哪些？
4. 保洁员的工作职责有哪些？
5. 保洁部的管理模式有哪些？

第 2 节　物业清洁用品使用

一、常用清洁工具

常用清洁工具主要包括安全梯，各类刷子、刷盘，扫把，拖布，尘推，抹布，簸箕，毛巾，百洁布，橡胶刮，橡胶手套，钢丝球，刀片，喷壶，掸子，垃圾车以及小心地滑标志牌或警示牌等。

二、常用清洁机器

在物业环境卫生保洁工作过程中，可以使用很多专用清洁机器和设备来提高工作效率。每种机器和设备在使用前都应进行外观检查，看各组成部分是否完好，然后接通电源试验一下，查看工作是否正常。如果发现故障，应立即停止使用，并及时上报直属领导。推拉机器工作时，不能用手拉着吸管和电源线走，以免扯断；也不能使劲压在扶手上或坐在机器上，以免损坏机器底部。下面介绍几种常用的清洁机器和设备。

1. 洗地机

如图 2—2—1 所示，洗地机主要用于清洁地面，是最常用的清洁设备之一，有单盘式和多盘式。使用时，通过底盘安装不同的刷子，可以进行地毯清洁、地板打蜡及抛光。具体操作注意事项如下：

图 2—2—1 洗地机

(1) 放下扶手，调整好角度，打开机器开关，使机器平稳地左右匀速移动。使用中切忌不要使机器左右摇摆幅度过大，以免碰到周围物体，使机器受损。机器使用方法：上抬机器扶手，机器向右移动；下压机器扶手，机器向左移动。

(2) 安装洗地盘时，应对正卡口角度，并顺时针旋转。

(3) 使用机器时，要时刻注意不能将电源线缠进刷盘内，以免造成机毁人伤。

(4) 机器使用中应随时加水或清洗剂，严禁干磨。

(5) 洗地机的轮子要避免沾油污，沾上油后应立即清除。

(6) 工作完毕，切断电源，将电源线擦净、盘好，并将机器、水箱擦拭干净后送还。

2. 吸水机

如图 2—2—2 所示，吸水机是清除积水的专用设备，主要用于吸取地面积水，对于吸取地毯水分以加快干燥也非常有效，是卫生管理中不可缺少的清洁工具之一。吸水机有单用吸水机和吸尘吸水两用机，后者由于功能多，应用较为广泛。具体操作注意事项如下：

图 2—2—2 吸水机

(1) 手提机头接通电源，让机器空转十几秒，将机内水汽甩出，然后将机头斜放在桶上，保持机头通风。

(2) 吸尘时严禁将机内尘罩取下，吸水时可以取下尘罩。

(3) 机器运行中切忌不能把水吸进得太满，防止电动机进水，造成机器损坏。

（4）严禁吸高泡的污水，如必须吸，应在作业前往吸水机桶内加消泡剂。

（5）使用后，要将桶内的污水及时倒掉，尘罩冲洗干净，并放在旁边晾干。

3. 吸尘器

如图 2—2—3 所示，吸尘器是主要用于地面、墙面和其他平整部位吸灰尘、污物的专用设备，它是清洁工作中最常用的设备之一。吸尘器启动时能发出强劲的抽吸力，使灰尘顺着气流被吸进储尘舱，达到清洁地面的目的。具体操作注意事项如下：

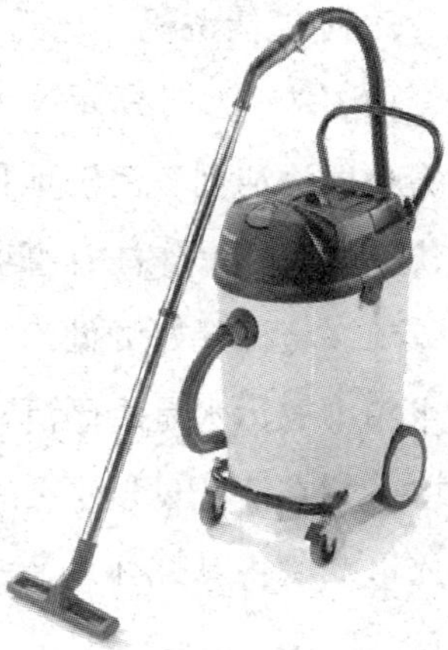

（1）吸尘器不能吸太大的垃圾和金属物品，以免尘袋受损。同时，在使用中切记不能拿吸尘器吸水，吸尘器只能吸细小、干燥的垃圾和尘土。

图 2—2—3　吸尘器

（2）机器使用完要马上清洁，尤其是吸尘器的尘袋要彻底清洁干净，避免因尘袋里垃圾太多而使吸力变小，影响工作效率。

（3）吸尘器要定期清理吸尘管、吸尘地刷内黏附的污垢，尤其是吸尘管的接头及机器上的进尘口最容易黏附污垢，因此，要经常用铁丝或刀片之类的东西清理。

（4）机器使用完毕，将机器内外、管子、吸尘地刷擦拭干净，电源线盘好，然后送回库房。

4. 抛光机

如图 2—2—4 所示，抛光机是专门用来给地面抛光的机器，有普通速度和高速之分。抛光机启动时电动机带动底盘做高速旋转，使底盘对地面进行高速软摩擦，取得光亮、清洁并保养地板的效果，适用于花岗石、大理石等各种平整、硬质地面的抛光。具体操作注意事项如下：

图 2—2—4　抛光机

（1）不可在电源线受损或潮湿的情况下使用。

（2）不可在门边、尖角处使用，也不可靠近热源。

（3）选用高速带动盘和白色百洁垫与机器正确连接，保持电源线处于机器的后面，然后启动抛光机开始抛光。

（4）抛光时要时刻注意红色指针的位置应在刻度“6”和“4”之间。若超出范围，可调节机器上的压力调节钮。

（5）在地板上好蜡后，一定要过一段时间，直到蜡水完全干后再开始抛光打磨。否则，不干的蜡水会粘在抛光垫上，使机器转速降低，导致电动机烧坏。

（6）使用完毕，打开吸尘装置，用吸尘器将尘箱里面清洁干净，同时将机器外表擦拭干净。

5. 地毯清洗机

如图 2—2—5 所示，地毯清洗机主要用于协助清洗地毯。它集喷射清洁剂、清洗地毯和污水回收于一体，使用非常方便快捷。具体操作注意事项如下：

图 2—2—5 地毯清洗机

（1）将稀释好的低泡地毯清洁剂倒入净水箱内，并检查污水箱中的污水是否已清除干净。

（2）在清洗过程中要在污水箱中加入消泡剂，以防泡沫进入电动机将其烧坏。污水超过水箱容量的 3/4 时，要将污水倒掉。

（3）地毯清洗机的使用方向只能向后拉，不能向前推。

（4）使用中，随时注意机器对地面的压力（看指示针），以及喷淋、滚刷清洁及污水回收的工作情况。

（5）及时倾倒污水和添加稀释后的低泡地毯清洁剂。

（6）清洗工作完成后将不用的液体倒掉，然后装满清水再洗一遍。机器不用于清洗时不要开滚刷电动机开关，以免损坏地毯。

（7）使用后，将污水箱、滚刷、污水回收管及机器外表清洁干净。

（8）检查喷射口是否堵塞。若有堵塞，打开喷射盖，可用醋清洗并吹干（不可用针、电线等物品捅，否则会破坏喷射状态）。

6. 高压冲洗机

如图 2—2—6 所示，高压冲洗机专用于冲洗外墙、汽车和其他需用高压水冲洗的场合。它启动时能产生强烈的冲击水流，起到清除灰尘、泥浆和其他污垢杂质的作用。具体操作注意事项如下：

图 2—2—6 高压冲洗机

（1）检查机器的汽油、汽油量和传动带夹紧程度以及液压油高度及入水管、出水管、水枪等是否正常。并用水枪试喷，如不正常，处理后再使用。

（2）打开水枪以 45°角对地面等进行喷洗。

（3）清洗完毕拔掉电源，再次检查机器燃料及进水泵、高压出水管有无破损。

三、常用清洁剂

1. 碱性清洁剂（见表 2—2—1）

表 2—2—1　　碱性清洁剂

名称	说明
洗洁精	洗洁精是使用最广泛的一种清洁剂。普通洗洁精适用于任何环境下的除污。使用时，要按不同清洁工作的需要加水稀释，一些洗洁精要用清水冲洗
全能水	较洗洁精去污力强，使用方法与洗洁精相同，不含腐蚀性，主要用于去除较顽固的污渍
玻璃水	专门用来清洗玻璃和瓷片，使用时，要按照说明书加水稀释
绿水	绿水是一种去污性能较强的洗涤剂，适用于洗涤顽固污渍或污垢较严重的环境，对蜡有溶解作用，使用时要用水稀释
烧碱	属强力去污、去油洗涤剂，适用于洗涤顽固油污或污渍。烧碱有强腐蚀性，使用时要谨慎
除油剂	是一种专门清除油污的洗涤剂，使用时要用水稀释
地毯水	是专门清洗地毯的洗涤剂，品种很多

2. 酸性清洁剂（见表 2—2—2）

表 2—2—2　　酸性清洁剂

名称	说明
强力洁瓷灵	是一种极具腐蚀性的清洁剂，能腐蚀水泥渍、水垢、污渍，对物体表面有腐蚀作用，适用于建筑装修后的粗糙石材表面“开荒”。使用时须极为谨慎，最好经批准后再使用
洁瓷灵	是一种常用的石类除污垢清洗剂，适用于清洗石类、瓷质表面污垢，酸性虽然比强力洁瓷灵弱一点，但也有一定的腐蚀性，使用时要谨慎
洁厕灵	是洗手间常用的清洁剂，具有除臭、杀菌、去垢作用
漂白水	是使用较广泛的清洗剂，具有漂白作用，带微酸性，不易损坏石质表面
105 石水	是一种进口的石类清洗剂，内含溴素成分，是较理想的石类“开荒”清洗剂
盐酸	是适用于粗糙石类“开荒”清洗的清洗剂，对水泥有较强的渗透腐蚀性，不可用于水泥地面或墙身

3. 中性清洁剂

（1）多功能清洁剂

性质温和，对物体表面很少有损伤，可起到防止家具生霉的功效，因此宜用于日常打扫卫生，但不能用于洗涤地毯，因其难以去除特殊污垢。

（2）洗地毯剂

洗地毯剂是专门用于洗涤地毯的中性清洁剂，因含泡沫稳定剂的量有区别，可分为高泡和低泡两种。低泡一般用于湿洗地毯，高泡用于干洗地毯。若用低泡洗地毯剂宜用温水稀释，去污效果更好。

4. 其他清洁剂（见表 2—2—3）

表 2—2—3　　其他清洁剂

名称	说明
擦铜水	专用于不锈钢、铜表面污渍和锈斑的清理，使用时不用稀释，先将擦铜水涂在毛巾上，反复擦洗不锈钢或铜的表面
不锈钢光亮剂	专门用于不锈钢装饰物表面清洁、保养，能去除不锈钢制品表面的油污、胶渍、尘埃、指印、烟迹及斑纹，使用后清洁、明亮，形成一层保护膜，保持制品光洁，免受腐蚀
静电吸尘液	利用极性分子的物理作用，具有优异的吸尘效果，不损伤地面，不容易与蜡剂发生反应，是公共区域（如大堂前厅）清洁的理想产品
化泡剂	专门消除吸水机、自动洗地机等机械操作中产生的各种泡沫
天拿水	是一种极强的带异味的化学清洁剂，主要用于洗抹金属或玻璃面油漆及胶渍
碧丽珠	主要用于清除各种木质家具、皮革、大理石等物体表面的污渍和灰尘，它含有较多的硅油和浓缩乳蜡，使用方便，具有去污除尘、上蜡等功能
底蜡	适用于橡胶地板、马赛克、云石、水磨石等天然石表面的清洁及养护
面蜡	具有耐磨、防滑、防污染等作用，去污力强，能保护石面，令石面光洁、明亮，适用于蜡面地板
抛光蜡	适用于塑胶地板、防火地板、水磨石、大理石等地板
石地板封蜡	适用于混凝土、水磨石、马赛克、红地砖及粗面花岗岩等

所有强腐蚀性清洁剂在使用前，应先在物体表面淋上清水，再使用稀释至一定比例的清洁剂。为了安全起见，使用某类清洁剂时，最好进行小范围的试用，观察其效果，然后再决定是否大范围使用；使用前应戴手套或穿雨鞋，做好防护措施，不能直接用手接触，若不慎沾在皮肤上应及时用清水冲洗干净；使用前必须查看现场材质，大理石、瓷砖、不锈钢等不能用酸性清洁剂，否则容易腐蚀；碱性清洁剂与酸性清洁剂不能混合使用，否则它们会发生中和反应，没有清洁效果且会产生新的污垢与杂质。

思考与练习

1. 常用的清洁工具有哪些？
2. 简述洗地机的功能和操作方法。
3. 简述吸水机的功能和操作方法。
4. 常用清洁剂有哪些？
5. 使用清洁剂时应注意哪些问题？

第 3 节　物业环境卫生日常操作

物业环境卫生日常工作包括物业公共区域室外日常清洁工作和室内日常清洁工作，良好的物业卫生环境是评判物业公司管理水平高低、实力强弱的最直观的指标之一。

一、物业公共区域室外日常清洁工作

1. 物业公共区域室外道路清洁

物业公共区域室外道路清洁的范围包括物业区域内的汽车道、人行道、消防通道等，如图 2—3—1 所示。

图 2—3—1　物业公共区域室外道路清洁

（1）作业内容

1）用长竹扫把将道路中间和公共活动场所的果皮、纸屑、泥沙等垃圾扫成堆。

2）用胶扫把将垃圾扫入垃圾斗内，然后倒进垃圾车。

3）对有污迹的路面和场地用水进行清洗。

4）雨停天晴后，用竹扫把将马路上的积水与泥沙扫干净。

（2）清洁标准

1）公共场地、路面无泥沙，无明显垃圾、积水。

2）行人路面无浮尘、杂物、垃圾及痰渍。

2. 物业公共区域内天台、平台、雨篷清洁

（1）作业内容

1）准备梯子一架，编织袋一个，扫把、垃圾铲各一把，铁杆一根。

2）将梯子放稳，人沿梯子爬上雨篷，先将雨篷或天面的垃圾打扫清理装入编织袋并倒入垃圾车内，将较大的杂物一并搬运上垃圾车。

3）用铁杆将雨篷、天面的排水口（管）疏通，使之不积水。

（2）清洁标准

每周清扫一次，目视天台、雨篷无垃圾，无积水，无青苔，无杂物，无花盆（组合艺术盆景和屋顶花园除外）。

3. 物业公共区域内灯具清洁

物业公共区域内的灯具清洁保养范围包括各街区内的路灯、楼道灯、走廊灯和各活动场所的灯具。

（1）作业内容

1）准备梯子、旋具、抹布、胶桶等工具。

2）关闭电源，架好梯子，人站在梯子上，一手托起灯罩，一手拿旋具，拧松灯罩的固定螺钉，取下灯罩。

3）先用湿抹布擦抹灯罩内外污迹，再用干抹布抹干水分。

4）将抹干净的灯罩装上，并用旋具拧紧固定螺钉。

5）清洁日光灯具时，应先将电源关闭，先取下盖板，再取下灯管，然后用抹布分别擦干净灯管和灯具及盖板后，重新装好。

（2）清洁标准

清洁后的灯具、灯管无灰尘，灯具内无蚊虫，灯盖、灯罩明亮清洁。

（3）注意事项

1）在梯子上作业时应注意安全，防止摔伤。

2）清洁前应关闭灯具电源，以防触电。

3）在梯子上作业时，应注意防止灯具和工具掉下碰伤行人。

4）用旋具拧紧螺钉，固定灯罩时，应将螺钉固定到位，但不要用力过大，防止损坏灯罩。

4. 物业公共区域内绿化带清洁

（1）作业内容

1）用扫把仔细清扫草地上的果皮、纸屑、石块等垃圾。

2）对烟头、棉签、小石子、纸屑等用扫把不能打扫起来的小杂物，用手捡入垃圾斗内。

3）在清扫草地的同时，仔细清理绿篱下面的枯枝落叶。

（2）清洁标准

1）每天早晨、上午、下午各清扫一次，每小时循环保洁一次，保持清洁干净。

2）目视无枯枝落叶，无果皮，无饮料罐等杂物。

5. 物业公共区域内停车场清洁

（1）作业内容

1）备胶水管、扫把、胶刷、垃圾斗等工具和清洁剂。

2）用长柄竹扫把将垃圾扫成若干堆。

3）用垃圾斗将垃圾铲入垃圾车中。

4）发现有杂物一起清运上垃圾车。

5）用胶管接通水源，全面冲洗地面，发现油迹和污迹时，倒少量清洁剂在污迹处，用胶刷擦洗，然后再用水冲洗。

6）清洁周围排水口和下水道，保证排水畅通。

（2）清洁标准

1）目视地面无垃圾、果皮、纸屑，无积水，无污迹和杂物。

2）每天清扫两次；每周用水冲洗地面一次。

（3）注意事项

1）发现机动车辆漏油，应通知车主并及时用干抹布抹去油迹后，再用清洁剂清洗油污，以免发生火灾。

2）清洁时应小心细致，垃圾车和工具不要碰坏其他车辆。

6. 物业公共区域内雕塑装饰物、宣传栏、标识宣传牌清洁

（1）作业内容

1）雕塑装饰物的清洁。备长柄胶扫把、抹布、清洁剂、梯子等工具。用扫把打扫雕塑装饰物上的灰尘，保洁员站在梯子上，用湿抹布从上往下擦抹一遍；如有污迹用清洁剂涂在污迹处，用抹布擦抹，然后用水清洗。

2）宣传栏的清洁。用抹布将宣传栏里外周边全面擦抹一遍，玻璃用玻璃刮清洁，按《玻璃门、窗、幕墙清洁操作标准》操作（见本节附录）。

3）宣传牌、标识牌的清洁。有广告纸时，先撕下广告纸，再用湿抹布从上往下擦抹牌，然后用干抹布抹一次。

（2）清洁标准

1）宣传牌每周清洁一次。

2）室内标识牌每天清洁一次。

3）雕塑装饰物每月清洁一次，清洁后检查无污迹、积尘。

（3）注意事项

1）梯子必须放平稳，人勿爬上雕塑装饰物，防止人员摔伤。

2）清洁宣传栏玻璃时，小心划伤手。

3）清洁工具不要损伤被清洁物。

7. 物业公共区域内喷水池清洁

（1）作业内容

1）平时保养。地面清洁工每天用捞筛对喷水池水面漂浮物打捞保洁。

2）定期清洁

①打开喷水池排水阀门放水，待池水放去 1/3 时，清洁工入池清洁。

②用长柄手刷加适量的清洁剂由上而下刷洗水池瓷砖。

③用毛巾抹洗池内的灯饰、水泵、水管、喷头及电线表层的青苔、污垢。

④排尽池内污水并对池底进行拖抹。

⑤注入新水，投入适量的硫酸铜以净化水质，并清洗水池周围地面污迹。

（2）清洁标准

眼看水池清澈见底，水面无杂物，池底洗净后无沉淀物，池边无污迹。

（3）注意事项

1）清洗时应断开电源。

2）擦洗电线、灯饰时不可用力过大，以免损坏。

3）清洁时，不要摆动喷头，以免影响喷水观赏效果。

4）注意防滑、防跌倒。

8. 物业公共区域内雨水井、排水沟清洁

（1）作业内容

1）雨水井和排水沟要每天清洁 1 次，用铁钩打开盖板，清除里面的垃圾和淤泥。

2）每周用水冲洗雨水井、排水沟，并将井盖、沟盖冲洗干净。

（2）清洁标准

雨水井、排水沟无杂物，无垃圾，无淤泥，无堵塞，无青苔，无异味，排水畅通。

（3）注意事项

1）清洁通道地面的井、沟时，要避开人流、车流高峰期，并在明显位置放置标志牌，警示过往行人、车辆。

2）清洁时发现井、沟堵塞或井盖、沟盖破损，应及时报告主管和维修班。

二、物业公共区域内室内日常清洁

1. 物业公共区域内大堂地面清洁

（1）作业内容

1）若是大面积的大理石面，要用洗地机清扫后用吸水机吸干地面水分再用抛光机抛光吸尘；若是地毯地面，只进行清扫和吸尘即可。

2）白天避开客户进出高峰期，用清扫尘推循环迂回拖抹地面，维护地面清洁，拖抹地面时应按规定路线行进至终点，不断抖净黏附在尘推上的尘灰。

3）根据实际情况及时保洁地面，清扫垃圾，并用地拖拖干净地面。客户进出频繁和容易弄脏的区域，要重点拖抹，并适当增加拖抹次数。

4）遇下雪或下雨天气，要在大堂进出口处放置伞袋、踏垫，铺上防湿地毯，放置“小心地滑”的告示牌，并增加用干地拖拖地的次数，以防止客户滑倒和将雨水带进候梯厅、电梯轿厢等处。

5）每周清洗地毯 1 次。大堂的大理石地面每月至少上蜡保养 2 次，商业场所的大理石地面每月上蜡保养不少于 3 次，并且每天需进行抛光吸尘 1 次。

（2）清洁标准

1）大堂地面干净整洁，无烟头、纸屑等杂物，无污渍。

2）大理石地面洁净、光亮，无蜡痕，可映出照明灯轮廓。

3）地毯色泽均匀，无灰尘，无明显污迹。

（3）注意事项

1）大堂地面抛光打蜡时应放置提示性标牌或用围栏隔离，防止行人路过滑倒。有危险性的作业应安排两人以上协同操作，避免发生摔伤事故。

2）清洁工作中有妨碍客户经过时，应暂停工作，协助客户通过，并致歉意。

2. 物业公共区域内楼梯通道与墙面清洁

物业公共区域内楼梯通道与墙面的清洁范围包括楼道梯级、扶手、墙面、电子门、信报箱、配电箱、消火栓、消防管道、楼道门窗、楼道灯开关及灯具的清洁。

（1）作业内容

1）备扫把、垃圾铲、胶袋、胶桶、拖把各一只，从底层至顶层自下而上清扫楼道梯级，将果皮、烟头、纸屑收集于胶袋中然后倒入垃圾车；用胶桶装清水，洗净拖把，拧干拖把上的水，用拖把从顶层往下逐级拖抹梯级。拖抹时，清洗拖把数次。

2）备抹布一块，胶桶装水，自下而上擦抹楼梯扶手及栏杆。擦抹时，清洗抹布数次。

3）清洁消火栓（管）。备扫把一把，胶桶（装水），抹布两块（干、湿各一块）。先用扫把打扫消火栓（管）上的灰尘和蜘蛛网，再用湿抹布擦抹消火栓（管）及玻璃，然后用干抹布擦抹玻璃一次，然后按这一程序逐个清洁。

4）清洁墙面、宣传板、开关。备干净的长柄胶扫把、胶桶（装水）、抹布和刮刀。先用扫把打扫墙上的蜘蛛网，再撕下墙上贴的广告纸。如有残纸时，用湿抹布抹湿残纸，慢慢用刮刀刮去，撕下宣传板上过期的资料和通知，用湿抹布擦抹干净；将抹布清洗干净，尽量拧干水分，擦抹各楼道灯开关板。

5）用干抹布擦抹配电箱、电表箱上的灰尘和污迹。每小时巡视检查楼道内外卫生一次，将广告纸、垃圾清扫干净。

（2）清洁标准

目视楼道无烟头、果皮、纸屑、广告纸、蜘蛛网、积尘、污迹等。

（3）注意事项

擦抹配电箱时禁用湿毛巾，不得将配电箱门打开，以防触电造成意外。

3. 物业公共区域内楼层通道地面清洁

（1）作业内容

1）每天用扫把对各楼层走道地面和楼梯台阶清扫一次。

2）每天用拖把拖走道地面和楼梯台阶一次。

3）定期用长柄手刷沾去污粉，对污迹较重的通道地面彻底清刷一次，再用拧干的湿毛巾，抹净墙根部分踢脚线。

（2）清洁标准

1）大理石地面目视干净，无污渍，有光泽。

2）瓷砖地面目视干净，无杂物，无污迹，有光泽。

（3）注意事项

洗刷楼道时，防止水流入电梯门和住房门内。

4. 物业公共区域内电梯清洁

物业公共区域内电梯清洁范围包括物业建筑内的电梯轿厢和每层层门，如图2—3—2所示。

（1）作业内容

1）轿厢地面除尘去污。

2）电梯门、壁、天花板应每周保洁1次。

3）电梯门移动摩擦部分上润滑油每周1次。

4）电梯门道轨沟槽每周清扫2次，先用毛巾刷除去沟槽中的污物、泥沙等，再用

图 2—3—2　物业公共区域内电梯清洁

毛巾擦净。

（2）清洁标准

1）电梯层门和轿厢壁光亮、无污迹。

2）电梯滑槽内无杂物，无灰尘。

3）电梯顶棚干净，无污渍。

（3）注意事项

1）清理电梯沟槽时，要在电梯工人的协助下进行，把电梯控制在手动状态，使其不能自动运行。

2）清洁电梯应避开人流高峰，在电梯使用不繁忙时进行。

3）电梯清洁时要注意安全，防止电梯门夹手。

4）清洁时发现电梯内设施异常应立即报告物业管理处。

5. 物业公共区域内公用卫生间清洁

（1）作业内容

1）打开门窗通风，用水冲洗大（小）便器，用夹子夹出小便器内的烟头等杂物。

2）清扫地面垃圾，清倒垃圾篓，换新垃圾袋后放回原位。

3）将洁厕灵倒入水勺内，用厕刷蘸洁厕灵刷洗大（小）便器，然后用清水冲净。

4）用湿毛巾和洗洁精擦洗面盆、大理石台面、墙面、门窗标牌。

5）先将湿毛巾拧干擦镜面、窗玻璃，然后再用干毛巾擦净。

6）用湿拖把拖干净地面，然后用干拖把拖干。

7）喷适量香水或空气清新剂，小便斗内放入樟脑丸。

8）每两小时进行保洁一次，清理地面垃圾、积水等。

9）每月用干毛巾擦灯具一次，清扫天花板一次。

（2）清洁标准

1）天花板、墙角、灯具目视无灰尘、蜘蛛网。

2）目视墙壁干净，便器洁净无黄渍。

3）室内无异味、臭味。

4）地面无烟头、污渍、积水、纸屑、果皮等杂物。

（3）注意事项

1）禁止使用碱性清洁剂，以免损伤瓷面。

2）用洁厕灵时，应戴橡胶手套，以防止损伤皮肤。

3）下水道如有堵塞现象，及时疏通。

6. 物业公共区域内地下室公共设施清洁

物业公共区域内地下室公共设施清洁范围包括管辖区域内地下室的消火栓、防火门、防火卷帘门、地下车场配套设施等。

（1）作业内容

1）每月用刷子将消火栓箱体内外彻底清扫，将毛巾浸入清水拧干后清扫箱体内外。

2）每天用清洁毛巾对消火栓表面清扫1次。

3）排风口、防火门、防火卷帘门、反光镜、指示牌等每天用清洁毛巾清扫一遍。

（2）清洁标准

公共设施表面无污迹、灰尘，防火门用纸巾擦拭门上冒头30厘米、门板面60厘米之后，纸巾不被明显污染。

（3）注意事项

擦拭防火卷帘门的时候，应在道路拐角处摆放提示牌，以免客户产生误会。

三、日常突发情况保洁服务内容

1. 暴风雨天气的保洁服务内容

（1）暴风雨后保洁员要及时清扫各责任区地面上的积水、树叶、垃圾、纸屑、泥沙等杂物。

（2）发生塌陷或大量泥沙冲至路面、绿地，保洁员要及时清运、打扫，协助工程部门处理好现场。

（3）检查各责任区内污水、雨水井排水是否畅通，如发生外溢或堵塞，及时报告物业办公室。

2. 风雪天气的保洁服务内容

（1）根据天气预报，如遇风雪天气应在大堂入口处放置防滑垫及“小心地滑”告示牌，防止滑倒摔伤。

（2）保洁班长应组织保洁员及时清扫积雪，在下雪过程中每隔一段时间（视雪的大小）将主要路面、大门、三包地带的积雪扫到两侧，避免结冰引起交通事故和行人滑倒。

（3）各大堂入口处应根据现场实际情况将推尘法改为墩布擦法，增加大堂地面拖擦频度，以防地面湿滑造成行人滑倒。

（4）风雪天气过后，清洁班长应根据现场情况进行一次彻底清洁，以保证达到清洁标准。

3. 污雨水井、管道严重堵塞的保洁服务内容

（1）当现场发现污雨水井、管道堵塞、污水外溢的情况时，要迅速报告物业办公室及维修人员。

（2）维修人员迅速赶到现场，进行疏通，保洁员协助处理，将从井、管内捞出的污物直接装上垃圾车，避免二次污染。

（3）疏通后，保洁员迅速打扫或用水清洗地面被污染的地方，直到干净。

4. 水管爆裂致楼层浸水的保洁服务内容

（1）保持冷静的头脑，迅速关闭水管阀门，并立即通知保安和维修人员前来协助。

（2）在维修人员到来前，用就近的可吸水工具采取应急措施。并且迅速将黄色告示牌立于跑水区域，招呼附近同事帮忙并及时报告相关领导。

（3）迅速用扫把或拖布处理掉流向电梯厅的水，如控制不了时可将电梯开往上一层楼，通知电梯工关闭电梯。然后用垃圾斗将水倒到水桶，再用吸水机处理现场跑水情况。

（4）相关领导接到报告后应立即组织人力、设备及时奔赴现场，做好现场清洁工作并配合工程维修人员处理好跑水事件。

（5）现场情况得到有效控制处理后，相关领导应安排有关人员迅速做好善后清洁工作。

（6）处理完现场后相关领导应马上填写“突发事件处理报告单”（内容应详细准确），并由其本人及主管领导签字确认、备案。请注意处理跑水或水管爆裂事故时要防止触电。

附录

玻璃门、窗、幕墙清洁操作标准

1. 清洁范围

玻璃门、窗、玻璃幕墙，门厅镜面装饰柱，各种镜面。

2. 作业程序

（1）先用刀片刮掉玻璃上的污迹。

（2）按玻璃清洁剂与清水 1∶5 的比例兑好玻璃清洁溶液。

（3）把浸有玻璃清洁溶液的毛巾裹在玻璃刮上，然后用适当的力量按在玻璃顶端从上往下垂直擦抹。

（4）污迹较重的地方重点抹。

（5）除掉毛巾用玻璃刮，刮去玻璃表面上的水分。

（6）一洗一刮连贯进行，当玻璃的位置和地面较接近时，可以把玻璃刮做横向移动。

（7）用无绒毛巾抹去玻璃框上的水珠。

（8）最后用地拖拖抹地面上的污水。

（9）清刮高处玻璃时，可把玻璃刮套在伸缩杆上。

3. 清洁保养标准

玻璃面上无污迹、水迹清洁后用纸巾擦拭无灰尘。

4. 安全注意事项

（1）高空作业时，应两人作业并系安全带，戴安全帽。

（2）作业时，注意防止玻璃刮的金属部分刮花玻璃。

思考与练习

1. 简述物业区域内室外日常清洁的项目内容，试举一例详细介绍其作业内容、清洁标准、注意事项。

2. 简述物业区域内室内日常清洁的项目内容，试举例详细介绍其作业内容、清洁标准、注意事项。

3. 遇到暴风雨天气时，保洁部门应该做好哪些主要工作？

4. 当物业区域内的水管爆裂之后，保洁部门应该做好哪些工作？

第 4 节 物业生活垃圾处理

对生活垃圾的管理是物业公司的一项重要工作。生活垃圾的管理包括垃圾的清扫、收集、清运等一系列工作，是保证物业环境优美和洁净的前提条件。

一、物业生活垃圾种类

物业管理范围的垃圾一般可分为可回收垃圾、厨房垃圾、有害垃圾、建筑垃圾四大类，见表 2—4—1。

表 2—4—1 生活垃圾的种类

类型	说明
可回收垃圾	包括纸类、金属、塑料、玻璃等，这部分垃圾主要是通过各种垃圾收购站进行回收，并进行综合处理利用。处理可回收垃圾是实行垃圾分类回收的主要内容，通过回收这部分可利用的资源，可以减少污染，降低自然资源的使用量。在可回收垃圾中，每回收 1 吨废纸可造好纸 0.85 吨，节省木材 0.3 吨，比等量生产减少污染 74%；每回收 1 吨塑料饮料瓶可获得 0.7 吨二级原料；每回收 1 吨废钢铁可炼好钢 0.9 吨，比用矿石冶炼节约成本 47%，减少空气污染 75%，减少 97%的水污染和固体废物
厨房垃圾（餐饮垃圾、有机垃圾）	包括剩菜、剩饭、菜根、菜叶等食品类废物，经生物技术就地处理成堆肥，每 1 吨厨房垃圾可生产 0.3 吨有机肥料
有害垃圾	主要包括废含汞电池、废日光灯管、废水银温度计、过期药品等，这些垃圾需要进行特殊安全处理
建筑垃圾	主要包括砖瓦、陶瓷、渣土等难以回收的废弃物品

二、物业生活垃圾的危害

1. 严重污染空气

大量堆埋特别是露天堆放的垃圾，在堆存腐化过程中产生大量的氨、氮、硫化物、甲烷等有害气体，不断地释放到大气中，仅有机挥发性气体就达 100 多种，其中含有许多致癌、致畸物质。垃圾腐化还产生恶臭，污染空气，散发热量，加剧了温室效应。有人曾对某市垃圾产生的温室效应做过研究，每吨垃圾在厌氧情况下产生甲烷气体 4.4 米^3。当地有一个占地 5.3 公顷，堆存 70 万吨的垃圾填埋场，每年向城市上空排放甲烷气体高达 5 000 万米^3，成为城市上空温室气体的主要来源之一。

2. 侵占大量土地，污染土壤

许多未分类的垃圾填埋后，由于垃圾里化学物质含量高，数十年甚至上百年都不会降解，加上有毒成分和重金属含在其中，这些被污染的土地就失去了使用价值。而现有的垃圾处理场的数量和规模远远不能适应城市垃圾增长的要求，大部分垃圾仍呈露天集中堆放状态。

3. 严重污染水体

垃圾不但含有病原微生物，而且在堆放腐败过程中还会产生大量的酸性和碱性有机污染物，并会将垃圾中的重金属溶解出来，是有机物、重金属和病原微生物三位一体的污染源。大量堆放或简易填埋的垃圾，经雨水渗沥，极易污染地表水和地下水，进而严重危害人类健康。

4. 引发垃圾爆炸事故

有机废物在分解过程中会释放出大量甲烷，甲烷又有爆炸的危险，在没有通风设备和控制设备的较老的堆积站里易引起地下着火。随着城市垃圾中有机质含量的提高和由露天分散堆放变为集中堆存，若只采用简单覆盖方法，易产生含大量甲烷气体的厌氧环境，使垃圾自燃、自爆现象不断发生，造成很大损失。

5. 造成生物性污染

垃圾堆放场是滋生有害微生物的温床，病毒、细菌、蠕虫、支原体和蚊蝇、蟑螂等疾病传播媒介在其中滋生，啮齿类动物（如老鼠等）在其中大肆繁衍。所以，固体废物如果不采取卫生填埋方式进行处理，将造成生物性污染。

6. 侵占并破坏农田

在我国城郊，大量未经处理或未经严格处理的生活垃圾直接用于农田，造成了严重后果。由于这种垃圾肥颗粒大，而且含有大量玻璃、金属、碎砖瓦等杂质，因而破坏了土壤的团粒结构和理化性质，致使土壤保水、保肥能力降低。

因此，生活垃圾必须及时清运和统一管理，采取卫生填埋等有效的处置方式，才能杜绝生活垃圾对生态环境的危害。

三、物业生活垃圾的收集及清运

1. 垃圾收集及清运技术

生活垃圾从收集、中转、运输至最终处理组成一个完整的生活垃圾处理系统。该系统中的前三个环节即收集、中转、运输称为生活垃圾的收运系统，涉及的技术环节有垃圾收集技术或分类收集技术、收集站建设、转运站建设、收集车辆等。此外，有时需要对生活垃圾进行最终处理前的预处理，如分选，对大件垃圾进行破碎处理，对被分选的可回收物进行打包处理等。

物业管理企业一般只负责把垃圾由管理区域运送到城市中指定的垃圾中转站，再由城市的市政管理部门或者环卫部门把垃圾由中转站统一运送到城市外面的垃圾处理厂等。

2. 垃圾收集及清运的操作

生活垃圾实行袋装化、密闭化收集，采用车载桶装或车载袋装模式清运。垃圾运送到附近的垃圾转运站后，按规定的作业程序投放到垃圾压缩箱。垃圾收集容器应无残缺、破损，封闭性好，外体干净。垃圾运输车车容整洁，车况良好，标识清晰。垃圾收集搬运过程应无遗漏、无撒落、无拖挂、无渗滤液滴漏。垃圾必须日产日清。

（1）收集清运方式

每天由保洁人员将各工作路段的垃圾进行普扫、清扫，然后通过防风垃圾铲将其装入移动垃圾桶。各工作路段工作完成后，将装满垃圾的移动垃圾桶就近运送至市环卫垃圾中转站。离垃圾中转站较远的，则将移动垃圾桶停放于一个路边固定的地点，等待平板车前来运走垃圾。

配置专门人员，负责用平板车每天定时、定点地将移动垃圾桶内的垃圾进行收集，并用新桶替换旧桶，放于原地址，以便于原地址上有新桶可以盛装垃圾。将平板车内的垃圾运送至环卫中转站。对于靠近垃圾中转站的移动式垃圾桶，可以直接将垃圾运至站内。

（2）清运垃圾频次和时间

每天至少清运垃圾一次以上，确保垃圾日产日清。清运垃圾时应当避开道路人流高峰期，以确保不影响市民的工作、生活秩序。

（3）垃圾桶及车辆设施的清洗及保洁

每天清运完垃圾桶后，将垃圾桶内胆和外壁进行定时清洗，确保内外整洁、干净、无异味。

（4）垃圾袋的更换

每天定时由保洁人员将垃圾桶内部的垃圾装入移动式垃圾桶后，套上新的垃圾袋，并对垃圾桶进行保洁，确保整洁、干净。

思考与练习

1. 物业生活垃圾的种类有哪些？
2. 物业生活垃圾有哪些危害？
3. 物业生活垃圾袋装化的优点是什么？
4. 简述物业生活垃圾收集和清运的主要工作内容。

第 5 节　物业公共场所消毒

物业管理区域一般都是人群比较密集的场所，对这些场所进行简单的消毒灭菌是物业公司的工作之一。作为物业环境管理人员，有必要了解传染病的基础知识，以便选用正确的消毒方法和合适的消毒药物，最大限度减少传染病的发生，确保物业管理区域内业主和使用人的身体健康。

一、传染病基础知识

1. 传染病的定义

传染病是由各种病原体所引起的一组具有传染性的疾病。实质上，传染病是整个传染过程的一种表现形式，即临床表现形式。传染又称感染，是生物的寄生现象，是病原体对机体的寄生过程，也是病原体与机体相互作用的过程。传染过程可有不同表现，如隐性感染、病原携带、轻型病例、典型病例、死亡等。只有有临床症状的传染，人们才认为是传染病。

2. 传染病的病原体

传染病的病原体种类繁多，包括病毒、细菌、衣原体、立克次体、螺旋体、真菌和寄生虫等。各种传染病的病原体侵入人体后首先存活或初步繁殖的地点称为病原体的侵入门户。然后，病原体转移到能够生存繁殖的人体部位，称为病原体的定位。病原体随机体代谢等方式排出体外后，再转移到另一个个体进行侵入，称为传染。如果在群体中发生群体传染的现象就称为传染病的流行。

3. 公共场所传染病的流行过程

传染病在公共场所中流行必须有病原体存在，还必须有传染源、传播途径和易感人群三个环节。

传染源是指受病原体感染的机体，可以是人，也可以是生活在人周围的动物。传播途径是指传染源排出体外的病原体借助外界物体（传播因素）经不同的途径再传给新的机体，如呼吸道传播（借助空气、飞沫、尘埃等）、消化道传播（借助水、苍蝇、食物等）、日常生活接触传播（借助手、用具、玩具等）、吸血节肢动物传播（蚊子、跳蚤等）等。

常见的经呼吸道传播的传染病有麻疹、流行性腮腺炎、流行性感冒、流行性脑脊髓膜炎、肺结核等。

常见的经消化道传播的传染病有病毒性肝炎、伤寒、痢疾、霍乱等。

常见的经接触传播的传染病有皮肤病、性病等。

4. 影响传染病流行过程的因素

传染源、传播途径、易感人群这三个环节如果能相互连接、协同作用，传染病就能流行，否则传染病就不会流行或终止流行。因此，要防止传染病的流行，可以从这三个环节入手，即医治传染源，对传播途径的载体进行消毒、灭菌、杀虫，提高易感人群免疫力。要控制公共场所传染病的传播，切断传播途径是最有效的方法。

二、消毒基础知识

1. 消毒及消毒剂

消毒是指杀灭或清除传播媒介上病原微生物及其他有害微生物使其达到无害化的处理过程。传染病消毒是指用物理或化学方法消灭停留在不同的传播媒介物上的病原体，以切断传播途径，阻止和控制传染病的发生。

对消毒一词含义的理解，有两点需要强调：一是消毒是针对病原微生物和其他有害微生物的，并不要求杀灭或清除所有微生物；二是消毒是相对的而不是绝对的，它只要求将病原微生物或其他有害微生物的数量减少到无害化的程度，并不要求把所有病原微生物或其他有害微生物全部杀灭。

按照消毒的目的不同，可以将消毒分为：预防性消毒、疫源地消毒、疫点消毒、疫区消毒、随时消毒、终末消毒六类。预防性消毒是指在未发现传染源的情况下，对可能被病原体污染的物品、场所和人体进行消毒，如公共场所消毒、运输工具消毒、饮水及餐具消毒、饭前便后洗手等。

消毒剂是指能杀灭外部环境中感染性的或有害的微生物的化学因子，即用于杀灭微生物的可达消毒要求的药物，如过氧乙酸、臭氧、乙醇等。

2. 灭菌及灭菌剂

灭菌是指杀灭或去除外部环境中媒介物携带的一切微生物（包括致病性微生物和非致病性微生物）的过程。灭菌是个绝对的概念，灭菌后的物品必须是完全无菌的。消毒不一定达到灭菌要求，而灭菌一定能达到消毒的要求。然而事实上要达到完全无菌是很困难的，因此规定，灭菌过程必须使污染物品的微生物的存活概率减少到 10^{-6}。换句话说，若对 100 万件物品进行灭菌处理，灭菌后最多只允许有 1 件灭菌物品中仍有活的微生物。

灭菌剂是指能杀灭外部环境中一切微生物（包括细菌繁殖体、芽孢、真菌、病毒等）的化学物质。医学上常用的灭菌剂有环氧乙烷、甲醛、过氧乙酸等。所有灭菌剂均为优良的消毒剂。

三、消毒方法的选择及影响消毒的因素

为使消毒工作顺利进行，取得较好效果，须根据不同情况，选择适当方法。一般应考虑以下几个问题：

1. 病原体的种类

不同传染病病原体各有特点，对不同消毒方法的耐受性不同。例如，细菌芽孢对各种消毒措施的耐受力最强，必须用杀菌力强的灭菌剂、热力或辐射处理，才能取得较好效果，故一般将其作为最难消毒的代表。其他如结核杆菌对热力消毒敏感，而对一般消毒剂的耐受力却比其他细菌强。真菌孢子对紫外线抗力很强，但较易被电离辐射所杀灭。肠道病毒对过氧乙酸的耐受力与细菌繁殖体相近，但季铵盐类对其无效。肉毒杆菌素易被碱破坏，但对酸耐受力强。至于其他细菌繁殖体和病毒、螺旋体、支原体、衣原体、立克次体对一般消毒处理耐受力均较差，常见消毒方法一般均能取得较好效果。

2. 消毒对象的性质

同样的消毒方法对不同性质的物品、效果往往不同。对涂层光滑的墙面，喷洒药液不易停留，应以冲洗、擦拭为宜。对较粗糙的墙面，因其易使药液停留，可通过喷洒药液消毒。用环氧乙烷熏蒸，对易于吸收药物的布、纸张效果较好，而对金属表面，须延长时间。粪便、痰液不宜用凝固蛋白质的药物消毒，因蛋白质凝固对病原体可起保护作用。高压蒸气杀菌效果虽好，但不宜用于毛皮、塑料和人造纤维制品。用环氧乙烷熏蒸赛璐珞制品，高浓度过氧乙酸或含氯消毒剂（如漂白粉等）浸泡棉织品，来苏水多次、长时间浸泡橡胶手套均可造成损坏。对于食品及餐具不宜用有毒或有味的消毒液处理。

3. 消毒场所的特点

消毒应考虑当地条件。在室内消毒时，密闭性好的房屋可用熏蒸消毒，密闭性差者应用消毒液擦拭或喷洒。通风良好的房屋，可用通风换气法消毒；通风换气不良，污染空气长期滞留处应当用药物熏蒸和喷洒。人口稠密地区不可用刺激性强的气体消毒。接近火源处不宜用环氧乙烷等易燃物消毒。

4. 卫生防疫方面的要求

不同条件下传播机会不同，在防疫方面要求不同。传染病流行时，发病严重的疫区应集中应用效力好的药物与器械。发病少的外围地区可采用简易消毒方法。在传染病医院的病房中，患者集中，污染严重，消毒量大，应采用固定设备和高效措施；患者家庭内的消毒属于临床措施，工作量小，可采用简易措施及方法。饮水应在净化基础上煮沸，生活用水净化后加氯消毒即可。不同病种的消毒应注意区别对待，对呼吸道传染

病，强调空间隔离，通风和合理地戴口罩。对胃肠道传染病，应强调用具、粪便和呕吐物消毒及接触后洗手。对病毒性肝炎患者，应用较强含氯消毒剂或氯人剂消毒，不宜应用季铵盐及来苏水等一般消毒剂处理。

在进行消毒工作时还须注意影响消毒的因素，如消毒剂量（包括消毒的强度及作用时间），消毒物品污染的程度，消毒环境的温度、湿度及酸碱度，有关化学拮抗物、消毒剂的穿透力及表面张力等。

四、消毒方法的应用

常用的消毒方法大致可分为物理消毒法、化学消毒法和生物消毒法三类。但生物消毒法利用生物因子去除病原体，作用缓慢，而且灭菌不彻底。故消毒主要应用物理消毒法及化学消毒法。

1. 物理消毒法

利用物理因子作用于病原微生物，将其杀灭或消除的消毒方法称为物理消毒法。其中只能从物体上清除或减少病原体，不能起杀灭病原体作用的物理消毒法又称机械消毒法。常用的物理消毒法有以下几种：

（1）机械消毒法

一般应用肥皂刷洗，流水清洗，可消除手上绝大部分甚至全部细菌。使用多层口罩过滤可防止呼吸系统病原体自呼吸道排出或侵入。通风虽不能杀灭病原体，但在短时间内可明显减少空气中细菌、病毒的数量，对预防呼吸道传染病的效果很好，比其他物理消毒法、化学消毒法更有效，而且无残留药物，对人体健康无影响。

（2）热力消毒法

热力消毒包括火烧、煮沸、流动蒸汽消毒、高压蒸汽灭菌、干热灭菌等方法，它能使病原体蛋白凝固变性，失去正常代谢机能，见表 2—5—1。

（3）辐射消毒法

辐射消毒法有非电离辐射与电离辐射两种。前者有紫外线、红外线和微波，后者包括丙种射线的高能电子束（阴极射线）。红外线和微波主要依靠产热杀菌。电离辐射设备价格昂贵，对物品及人体有一定伤害，故使用较少。目前应用最多的为紫外线，不过紫外线照射人体能发生皮肤红斑、紫外线眼炎和臭氧中毒等，故使用时人应避开或采取相应的保护措施。

日光曝晒也依靠其中的紫外线，但由于大气层中的散射和吸收使用，仅 39%的紫外线可到达地面，故仅适用于对耐力低的微生物消毒，且须较长时间曝晒。

表 2—5—1　热力消毒的常用方法

方法	说明
火烧	凡经济价值小的污染物，金属器械、苍蝇和蟑螂尸体等均可用此法。火烧法简便经济，效果稳定
煮沸	耐煮物品及一般金属器械均用本法，100℃煮沸 1～2 分钟即完成消毒，但芽孢则须较长时间。炭疽杆菌芽孢须煮沸 30 分钟，破伤风芽孢需煮沸 3 小时，肉毒杆菌芽孢需煮沸 6 小时。对金属器械消毒时，加 1%～2%碳酸钠或 0.5%软肥皂等碱性剂可溶解脂肪，增强杀菌力。棉织物加 1%肥皂水 15 升/千克，有消毒、去污的功效。物品煮沸消毒时，液面不可超过容积的 3/4，被消毒物应浸于液面下。注意留空隙，以利于对流
流动蒸汽消毒	相对湿度为 80%～100%，温度近 100℃，利用水蒸气在物体表面凝聚，放出热能，杀灭病原体。当蒸汽凝聚收缩产生负压时，促进外层热蒸汽进入补充，并穿至物品深处，增加热量，促进消毒
高压蒸汽灭菌	通常压力为 98.066 kPa，温度为 121～126℃，15～20 分钟即能彻底杀灭细菌芽孢，适用于耐热、耐潮物品
干热灭菌	干热空气传导差，热容量小，穿透力弱，物体受热较慢，需 160～170℃，1～2 小时才能灭菌。适用于对不能带水分的玻璃容器、金属器械等的消毒

2. 化学消毒法

利用化学药物杀灭病原微生物的方法称为化学消毒法。用于消毒的化学药物叫作化学消毒剂，根据对病原体蛋白质的作用不同，它分为以下几类。

（1）凝固蛋白类消毒剂

凝固蛋白类消毒剂包括酚类、酸类和醇类。

1）酚类。主要有酚、来苏、六氯酚等，见表 2—5—2，具有特殊气味，杀菌力有限，可使纺织品变色，橡胶类物品变脆，对皮肤有一定的刺激，故除来苏外应用者较少。

表 2—5—2　酚　类

类型	说明
酚（石碳酸）	无色结晶，有特殊臭味，受潮呈粉红色，但消毒力不减。对细菌繁殖体施以 1∶80～1∶110 溶液，20℃ 30 分钟可杀死，但不能杀灭芽孢和抵抗力强的病毒。加肥皂可皂化脂肪，溶解蛋白质，促进其渗透，增强消毒效应；但毒性较大，对皮肤有刺激性，具有恶臭，不能用于皮肤消毒
来苏（煤酚皂液）	以 47.5%甲酚和钾皂配成。红褐色，易溶于水，有去污作用，杀菌力比石碳酸强 2～5 倍。常使用 2%～5%水溶液，可用于喷洒、擦拭、浸泡容器及洗手等
六氯酚	为双酚化合物，微溶于水，易溶于醇、酯、醚，加碱或肥皂可促进溶解，毒性和刺激性较小，但杀菌力较强。主要用于皮肤消毒。以 2.5%～3%六氯酚肥皂洗手可减少皮肤细菌 80%～90%。有报告六氯酚可产生神经损害，故不宜长期使用

2）酸类。对细菌繁殖体及芽孢均有杀灭作用。但易损伤物品，故一般不用于居室

消毒。5%盐酸可消毒餐具、水果，加15%食盐于2.5%盐酸溶液可消毒皮毛及皮革，10升/千克加热30℃浸泡40小时。乳酸常用于空气消毒，100米^{3}空间用10克乳酸熏蒸30分钟，即可杀死葡萄球菌及流感病毒。

3）醇类。75%的乙醇（酒精）可迅速杀灭细菌繁殖体，对一般病毒作用较慢，对肝炎病毒作用不肯定，对真菌孢子有一定杀灭作用，对芽孢无作用。用于皮肤消毒和体温计浸泡消毒。因不能杀灭芽孢，故不能用于手术器械浸泡消毒。异丙醇对细菌杀灭能力大于乙醇，经肺吸收可导致麻醉，但对皮肤无损害，可代替乙醇应用。

（2）溶解蛋白类消毒剂

溶解蛋白类消毒剂主要为碱性药物，常用的有氢氧化钠、石灰等。

1）氢氧化钠。白色晶体，易溶于水，杀菌力强，2%～4%溶液能杀灭病毒及细菌繁殖体，10%溶液能杀灭结核杆菌，30%溶液能10分钟杀灭芽孢，因腐蚀性强，故极少使用，仅用于消灭炭疽杆菌芽孢。

2）石灰。遇水可产生高温并溶解蛋白质，杀灭病原体。常用10%～20%石灰乳消毒排泄物，用量应为排泄物的两倍，搅拌后作用4～5小时。20%石灰乳用于消毒被炭疽杆菌污染的场所，每4～6小时喷洒一次，连续2～3次。刷墙2次可杀灭结核杆菌芽孢。因性质不稳定，故应现配现用。

（3）氧化蛋白类消毒剂

氧化蛋白类消毒剂包括含氯消毒剂和过氧化物类消毒剂。因消毒力强，故目前在医疗防疫工作中应用最广，常用的氧化蛋白类消毒剂见表2—5—3。

表2—5—3　常用的氧化蛋白类消毒剂

类型	说明
漂白粉	应用最广，主要成分为次氯酸钙，含有效氯25%～30%，性质不稳定，可为光、热、潮湿及CO_2所分解。故应密闭保存于阴暗干燥处，时间不超过1年。有效成分次氯酸可渗入细胞内，氧化细胞酶的硫氢基因，破坏胞浆代谢。酸性环境中杀菌力强而迅速，高浓度能杀死芽孢，粉剂多用于粪、痰、脓液等的消毒，每升加干粉200克，搅拌均匀，放置1～2小时；尿每升加干粉5克，放置10分钟即可。10%～20%乳剂除消毒排泄物和分泌物外，可用于喷洒厕所、被污染的车辆等。如存放过久，应测实际有效氯含量，校正配制用量。漂白粉精制的粉剂和片剂含有效氯可达60%～70%，使用时可按比例减量
氯胺	有机氯消毒剂，含有效氯24%～26%，性质较稳定，密闭保存1年后仅丧失有效氯0.1%。微溶于水（12%），刺激性和腐蚀性较小，作用比次氯酸缓慢。0.2%溶液1小时可杀灭细菌繁殖体，5%溶液2小时可杀灭结核杆菌，杀灭芽孢需10小时以上。各种铵盐可促进其杀菌作用。1%～2.5%溶液对肝炎病毒也有作用。活性液体须用前1～2小时配制，若时间过久，杀菌作用将降低

续表

类型	说明
二氯异氰尿酸钠	又名优氯净，为应用较广的有机氯消毒剂，含氯 60%～64.5%。具有高效、广谱、稳定、溶解度高、毒性低等优点。水溶液可用于喷洒、浸泡、擦抹，也可用干粉直接对污染物消毒或处理粪便等排泄物，用法同漂白粉。直接喷洒地面，剂量为 10～20 克/米^2。与多聚甲醛干粉混合点燃，气体可用于熏蒸消毒，可与 92 号混凝剂（以羟基氯化铝为基础加铁粉、硫酸、双氧水等合成）以 1∶4 混合成为“遇水清”，用于饮水消毒。并可与磺酸钠配制成各种消毒洗涤液，如涤静美、优氯净等，对肝炎病毒有杀灭作用
过氧乙酸	又称过氧醋酸，为无色透明液体，易挥发，有刺激性酸味，是一种高效、速效消毒剂，易溶于水和乙醇中，具有漂白和腐蚀作用，性不稳定，遇热、有机物、重金属离子、强碱等易分解。0.01%～0.5%溶液 0.5～10 分钟可杀灭细菌繁殖体，1%溶液 5 分钟可杀灭芽孢。常用浓度为 0.5%～2%，可通过浸泡、喷洒、擦抹等方法进行消毒，也可在密闭条件下进行气雾（5%浓度，2.5 毫升/米^2）和熏蒸（0.75～1.0 克/米^3）消毒
过氧化氯	3%～6%溶液 10 分钟可以消毒。10%～25%溶液 60 分钟可以灭菌。用于不耐热的塑料制品以及餐具、服装等消毒。10%过氧化氯深胶喷雾消毒室内污染表面；180～200 毫升/米^3、30 分钟能杀灭细菌繁殖体；400 毫升/米^3、60 分钟可杀灭芽孢
高锰酸钾	1%～5%浓度浸泡 15 分钟能杀死细菌繁殖体，常用于餐具、瓜果消毒

（4）阳离子表面活性剂

阳离子表面活性剂主要有季铵盐类，高浓度可凝固蛋白，低浓度用于抑制细菌代谢。有杀菌浓度低，毒性、刺激性小，无漂白及腐蚀作用，无臭，稳定，水溶性好等优点。但其缺点是杀菌力不强，尤其对芽孢效果不佳，受有机物影响较大，配伍禁忌较多。国内生产有新洁尔灭、消毒宁（度米苍）和消毒净，其中消毒宁杀菌力较强，常用浓度为 0.5‰～1.0‰，可用于皮肤、金属器械、餐具等消毒。不宜用于排泄物及分泌物消毒。

（5）烷基化消毒剂见表 2—5—4。

表 2—5—4　　烷基化消毒剂

类型	说明
福尔马林	为 34%～40%甲醛溶液，有较强的杀菌作用。1%～3%溶液可杀死细菌繁殖体，5%溶液 90 分钟可杀死芽孢，室内熏蒸消毒一般用 20 毫升/米^3 加等量水，持续 10 小时；消除芽孢污染则需 80 毫升/米^3，持续 24 小时。适用于皮毛、人造纤维、丝织品等不耐热物品的消毒。因其穿透力差，刺激性大，故消毒物品应摊开，房屋须密闭
戊二醛	作用与甲醛相似。在酸性溶液中较稳定，但杀菌效果差；在碱性溶液中能保持两周，但能提高杀菌效果，故通常在 2%戊二醛内加 0.3%碳酸氢钠，调整 pH 值为化合物，杀菌效果增强，可保持稳定性 18 个月。无腐蚀性，有广谱、速效、高热、低毒等优点，可广泛用于杀灭细菌、芽孢和病毒。不宜用作皮肤、黏膜消毒

续表

类型	说明
环氧乙烷	低温时为无色液体，沸点为 10.8℃，故常温下为气体灭菌剂。其作用为通过烷基化破坏微生物的蛋白质代谢。一般应用是在 15℃时 0.4～0.7 千克/米^2，持续 12～48 小时。温度升高 10℃，杀菌力可增强 1 倍以上，相对湿度为 30%时灭菌效果最佳。具有活性高、穿透力强、不损伤物品、不留残毒等优点，可用于纸张、书籍、布、皮毛、塑料、人造纤维、金属品消毒。因穿透力强，故需在密闭容器中进行消毒。须避开明火，以防爆。消毒后应通风，以防止吸入

思考与练习

1. 传染病在公共场所的流行过程是什么?
2. 消毒和灭菌的区别是什么?
3. 主要的物理消毒方法有哪些?
4. 试列举六种常用化学消毒剂的名称及其用法。

第 6 节　物业区域内杀虫灭鼠

在物业环境卫生管理中消毒工作至关重要，但病媒动物所致危害也不可忽视，公共场所中最常见的病媒动物是苍蝇、蚊子、蟑螂、老鼠、蚂蚁等。

一、苍蝇的危害及防治

1. 苍蝇的危害

苍蝇因携带多种病原微生物传播而危害人类，苍蝇的体表多毛，足部抓垫能分泌黏液，喜欢在人或畜的粪尿、痰、呕吐物以及尸体等处爬行觅食，极容易附着大量的病原体，如霍乱弧菌、伤寒杆菌、痢疾杆菌、肝炎杆菌、脊髓灰质炎病菌、蛔虫卵等；又常在人体、食物、餐饮具上停留，停落时有搓足和刷身的习性，附着在它身上的病原体很快就会污染食物和餐具，人再去吃这些食物和使用污染的餐具就会得病。

2. 苍蝇的防治

（1）控制和清除孳生条件

将苍蝇消灭掉的最佳方法是将适合苍蝇孳生的物质处理好。公共场所的苍蝇孳生物主要是粪便和废弃食物、果蔬等，所以垃圾应用塑料袋装好，必须日产日清；食堂的厨余垃圾和剩饭剩菜要用专门容器密闭存放，且要当日清运，不得积存；厕所应改造为水冲式，旱厕必须加盖，并有专人经常保洁。应通过各种形式进行宣传，使群众形成良好的卫生保洁习惯，不随地乱扔果皮、果核及其他废弃的食物，处理好宠物的粪便等。

（2）消灭成蝇

1）器械捕杀。一是拍打，在春季或晚秋季节，气温较低，苍蝇活动迟缓，对卫生条件较好的室内或不适宜使用药物灭蝇的场所，均可用蝇拍扑打成蝇。二是诱蝇笼捕杀，以腐败的动植物质（如鱼、豆饼、臭豆腐）为诱饵，适用于室外蝇多的场所。注意用过的诱饵要深埋，防止孳生蝇蛆。三是粘蝇纸捕杀，将粘蝇纸悬挂于蝇多的室内。注意用过的粘蝇纸要烧掉。

2）室内速杀灭蝇。可用各种市售商品喷洒剂、气雾剂，用量按说明书。

3）毒饵诱杀。灭蝇毒饵是将胃毒作用强的杀虫剂掺入蝇类所喜食的诱饵中制成。常用药物有0.1%～0.2%的敌百虫等。使用毒饵诱杀时要注意预防儿童误食中毒。

二、蚊子的危害及防治

1. 蚊子的危害

蚊子不仅骚扰人群，更主要的危害是传播疾病，通过叮咬吸血能传播疟疾、流行性乙型脑炎、丝虫病（象皮肿）、登革热等疾病。据研究，蚊子传播的疾病达80多种。我国能传播疾病的蚊子大致可分为三类：第一类叫按蚊，俗名疟蚊，主要传播疟疾。第二类叫库蚊，主要传播丝虫病和流行性乙型脑炎。第三类叫伊蚊，身上有黑白斑纹，又叫黑斑蚊，主要传播流行性乙型脑炎和登革热。

2. 蚊子的防治

（1）清除孳生地

消灭蚊子生存环境，及时清理垃圾，不要留死水。蚊子的幼虫最易扑灭，因为孑孓必须生活在水中，如能填平低地，疏导积水，经常清理存水的器皿，防止雨后积水生蚊，孑孓无处生存，灭蚊就一定会收到好效果。

（2）控制孳生地

对于难以清除的较大的孳生地，如水坑、池塘等，要定期喷洒杀虫剂。一般7～10天检查一次孳生地，发现蚊子幼虫要及时喷洒杀虫剂消灭。常用药物有：双硫磷、倍硫磷、杀螟松、苏云金杆菌等。

（3）杀灭成蚊

1）空间喷雾。蚊子有趋光的特性，屋内墙角、床底等阴暗潮湿的地方是蚊子最喜欢光顾和躲藏的地方。用市售杀蚊蝇气雾剂消灭成蚊，用量为0.5～1毫克/米^3，关闭门窗1小时。

2）用0.03％溴氰菊酯粉或胶悬剂、顺式氯氰菊酯粉剂喷洒墙面。也可用此两种杀虫剂处理蚊帐，用量为5～10毫克/米^3，药效可达2～3个月。

3）滞留喷洒。在蚊虫密度较高的公共场所，如水网区的宾馆、影剧院、候车（船、机）室等，可将残效期较长的杀虫剂喷涂在蚊虫栖息场所的墙壁、天棚和家具下面。如三氯杀虫酯，2克/米^2（纯品用量），药效达1～2月；倍硫磷，2克/米^2，药效达3～4月；马拉硫磷，2克/米^2，药效达1～2月。

三、蟑螂的危害及防治

1. 蟑螂的危害

生活于野外的蟑螂种类，大多以腐败的有机质或枯枝败叶等为主食；而栖身于屋舍的蟑螂，喜欢淀粉性的食物，在它们爬过的食物上，往往会把所携带的病原体留下而传播疾病。蟑螂进食时有个坏习惯——边吃、边吐、边排泄，因此污染食物，传播多种疾病，如痢疾、副霍乱、肝炎、结核病、白喉、猩红热、蛔虫病等。无论是什么品种的蟑螂，其所传播的病原生物有伤寒杆菌、痢疾杆菌、大肠杆菌、肺结核菌、炭疽杆菌及绦虫类、蛔虫类、血吸虫类的卵等。蟑螂还分泌和排泄出有异臭的物质，使人闻到后感觉恶心甚至呕吐。

虽然蟑螂携带多种病原体，但一般认为病原体在它们体内不能繁殖，属于机械性传播媒介。然而由于它们的侵害面广、食性杂，既可在垃圾、厕所、盥洗室等场所活动，又可在食品上取食，因而它们引起肠道病和寄生虫卵的传播不容忽视。另外，工厂产品、店中商品以及家中食物等都可因蟑螂咬食和污损而造成经济损失。偶尔也有因蟑螂侵害而导致通信、计算机等电气设备产生故障，造成事故。

2. 蟑螂的防治

（1）环境防治

要消灭蟑螂，必须首先要保证环境卫生，及时打扫，包括卫生间和下水道，垃圾要及时清理。蟑螂生命力顽强，繁殖力很强，要杀灭居住区的蟑螂，必须要发动群众统一行动，进行全面防治，才能起到成效。家中不留卫生死角，厨房内不要露天摆放食品，家中不要留积水，并及时堵塞缝洞，这样才能杜绝蟑螂孳生。应仔细检查蟑螂隐藏处，连旧计算机箱都不要放过。要根据蟑螂生长季节，抓住有利时机防治，如在繁殖期（4—5月份）突击灭治，可起到很好的控制作用，并大大减少蟑螂的生长密度。

（2）物理防治

1）灭蟑陷阱。引诱蟑螂进入设好的圈套继而杀灭之，如引诱蟑螂的蟑螂罐、蟑螂屋等。

2）超声波灭蟑。这种方式因为效果不佳和使用过程会产生小剂量的超声波辐射，使用较少。

3）捕捉。在蟑螂活跃时突然开灯搜寻，捕杀成虫和幼虫，在蟑螂繁殖季节前，连续捕杀几个夜晚，可大大降低蟑螂密度。

4）粘捕。将涂有黏合剂的粘蟑纸，中间放点诱饵，放在蟑螂经常活动的地方粘捕蟑螂。

（3）化学防治

1）灭蟑颗粒剂。灭蟑药物和饵料混合，造粒、烘干，主要用于抛撒有蟑螂环境的地面等。

2）灭蟑胶饵。胶饵对蟑螂而言湿润可口，其持效期很长，安全高效方便，不易产生抗药性，可在蟑螂中互相传播毒性，造成蟑螂的群体死亡。目前胶饵是较为有效的灭蟑方法。代表产品有晔康杀蟑胶饵等。

3）灭蟑烟雾。通过物理的方法生成烟雾，以烟雾为载体将药物输送到各个角落来达到杀蟑的目的，如灭蟑烟雾弹等。

处理蟑螂尸体时应佩戴手套；蟑螂尸体曾接触的范围或设备（包括手套），须尽快用消毒剂清洗消毒。

四、老鼠的危害及防治

1. 老鼠的危害

除了消耗或污染食物外，老鼠性喜磨牙，故因老鼠咬而遭破坏的包装材料或建筑设备颇为可观，据统计有1/4原因不明的火灾，可能是由老鼠咬损电线所引起。

老鼠极易适应人类的生活环境，因此成为主要的有害动物。老鼠常出没于下水道、厕所、厨房等处，在带菌处所与干净处所来回行动，经由鼠脚、体毛及胃携带物来传播病原菌。老鼠是许多疾病病原体的储存宿主，通过它身上的寄生虫叮咬、排泄物的污染、机械携带，以及直接咬人等方式，可传播鼠疫、钩端螺旋体病、恙虫病、森林脑炎、蜱传回归热、地方性斑疹伤寒、野兔热、鼠咬热、肠道传染病等。

经研究，老鼠传播疾病有三个途径：①鼠体外寄生虫作媒介，通过叮咬人体吸血时，将病原体传染给人；②体内带致病微生物的鼠，通过鼠的活动或粪便污染食物或水源，造成人类食后发病；③老鼠直接咬人或病原体通过外伤侵入而引起感染。另外，老鼠还在堤坝上打洞造成水灾，扰人安宁。

2. 防治方法

（1）生态灭鼠

采取各种措施破坏鼠类的适应环境，抑制其繁殖和生长，使其死亡率增高。可结合生产进行深翻、灌溉和造林，以恶化其生存条件。此法必须与其他方法配合，才可奏效。

（2）生物灭鼠

保护鼠类的天敌如猫头鹰、黄鼠狼、獾、猫及多数以鼠为主食的蛇，以控制害鼠数量。

（3）器械灭鼠

有些公共场所不宜使用鼠药时，可采用器械捕杀方法灭鼠。器械灭鼠法主要是使用鼠夹、鼠笼捕杀，捕鼠时器械要放在鼠道上、鼠洞口和鼠类经常出没觅食饮水的地方。鼠夹的放置要与鼠道和墙基呈直角，诱饵板靠近鼠道，这样可以捕杀来自两个方向的老鼠。由于不经济、需要人力物力较大，因此，只适用于小范围的捕杀灭鼠，如大面积灭鼠后残留的少数拒食毒饵的个体。

（4）药物灭鼠

此法效果好，收效快，适应范围广，可用于大面积灭鼠。但要注意选用高效、低毒、低残留、无污染和第二次中毒危险性小，不使害鼠产生生理耐药性的灭鼠剂。毒饵灭鼠是最广泛应用的灭鼠方法，效果好，使用方便，经济。毒饵由诱饵、灭鼠剂和附加剂配制而成。

（5）熏蒸灭鼠

熏蒸灭鼠是用某些药物在常温下气化或通过化学反应产生有毒气体，使鼠类吸入致死。本法适用于船舶、火车、仓库等密闭场所。同时，还兼有杀虫作用。常用的熏蒸剂有磷化铝等。

五、蚂蚁的危害及防治

1. 蚂蚁的危害

由于人们的生产生活活动及城市化进程加快，越来越多的蚂蚁栖息地被占领或占用，使得蚂蚁不得不侵入室内觅食或筑巢，从而对人类产生危害。其主要危害有：损坏木材等装饰材料；毁坏物品；窃取和污染食物；叮咬、骚扰人类；将各种细菌、病毒等病原体带到食物上，传播疾病。

2. 蚂蚁的防治

（1）搞好环境卫生，消灭蚂蚁孳生地

对各类公共场所的墙壁、窗台、家具、地板等处缝隙或洞穴进行堵塞。食堂、餐厅和旅店客房、仓库的食品要妥善保藏，不可乱扔乱放，以免引诱蚂蚁入室侵害。清扫地面，防止食物残渣、垃圾滞留。也可用开水浇烫蚂蚁穴洞。

（2）药物灭治法

药物包括粉剂和液剂两类。粉剂有低容量溴氰菊酯、灭蚁灵等。液剂有敌百虫、二氯苯醚菊酯等。

药剂灭治首先要抓住施药的有利时机，选择好施药点，施药要深、散、匀，将药物均匀而广泛地喷施在危害物的最里层。粉剂灭治主要是利用蚂蚁互相喂舐的习性，当少量蚂蚁沾染了药剂后，会逐渐传播到整个群体，达到大量灭治的目的。

（3）挖巢法

蚂蚁的灭治还可以利用蚂蚁在严冬季节基本集中在巢内的特点，采用挖巢法消灭。该法优点是简便，不需要药物，缺点是损坏建筑构件，残留的蚂蚁会发展成新的群体。

（4）诱杀法

灭治蚂蚁也可以采用诱杀法：选择蚂蚁爱吃的食物，如白糖、玉米秆、甘蔗等为诱饵，可用一只或几只蚂蚁来诱使其他蚂蚁，当蚂蚁聚集到很多时，用药物或其他方法（如开水浸烫、高温或高频微波）进行歼灭。一般采用的诱集方法有：诱集坑、诱集箱、诱集桩。

思考与练习

1. 苍蝇的危害有哪些？如何进行灭蝇？
2. 蚊子的危害有哪些？灭蚊的措施有哪些？
3. 为什么在灭蟑螂时要整栋大厦或者整个物业区域同时进行？
4. 老鼠的危害有哪些？在城市里如何消除鼠患？
5. 蚂蚁的防治方法有哪些？

第3章　物业环境绿化管理

随着生活水平的提高，绿化环境已成为人们选择物业的重要指标。这不但对开发商提出了更高的要求，对物业管理也是一项挑战，加强物业绿化环境建设，改善工作和居住条件是物业管理发展的必由之路。

第1节　物业绿化管理概述

良好的物业环境离不开绿化的点缀和装饰，物业区域的环境绿化是物业区域生活质量和物业管理水平的重要标志。

一、物业环境绿化的有关概念

1. 物业环境绿化

物业环境绿化是通过管理物业服务区域内的绿化植物，栽花种草，利用各种各样的园林植物、景观小品等向物业环境输入自然因素，构成完整的绿地系统和优美的景观，为物业业主和使用人创造舒适、优美的活动空间，同时也可以达到净化空气、防治污染、改善生态、改良土壤、调节气候和美化环境的目的。

2. 物业环境绿化管理

物业环境绿化管理主要是指物业公司在物业服务区域内开展的各种环境绿化活动，对物业内外及其附属设施的园林绿化植物及园林建筑、景观小品等进行养护和修缮管理，并对园林植物进行日常的养护管理活动，以达到改善环境、美化环境，保持物业区域内的良好居住或工作环境和改善区域内的生态系统，并使物业保值、增值的目的。

二、物业环境绿化评价指标

绿化是构成物业区域美化优化环境的重要因素，它能够调节管理区域内局部生态平衡，物业区域绿化是提高住宅生态环境质量的重要措施，一般要求居住区绿地面积要达到30%以上，若按生态学环境质量的要求和环境舒适度来说，则应达到人均绿地面积10米^2。同时，绿地还要有充足的日照时间，满足居民活动的要求，所以成片的绿地应满足不少于1/3的面积在标准的日照覆盖范围之内。

1. 绿地率

绿地率是指居住区内各类绿地面积与居住区总用地面积的比率（%）。计算公式如下：

绿地率＝居住区内各类绿地面积÷居住区总用地面积×100%

其中，居住区内各类绿地面积主要包括公共绿地、宅旁绿地等。其中，公共绿地又包括居住区公园、小游园、组团绿地及其他的一些块状、带状化公共绿地，不应包括屋顶、晒台的人工绿地。

2. 绿化覆盖率

绿化覆盖率＝绿化覆盖面积÷居住区总用地面积×100%

其中，绿地覆盖面积指乔灌木树冠垂直投影面积、空地被植物覆盖的面积、屋顶绿化覆盖面积的总和。

注意绿地率和绿化覆盖率是两个不同概念的用语，绿地率与绿化覆盖率都是衡量居住区绿化状况的经济技术指标，但绿地率不等同于绿化覆盖率。

绿地率＝绿地面积/土地面积×100%

绿地率主要是指居住区用地范围内各类绿地的总和与居住区用地的比率。居住区用地范围内各类绿地主要包括公共绿地、宅旁绿地等。其中，公共绿地，又包括居住区公园、小游园、组团绿地及其他的一些块状、带状化公共绿地。

3. 人均公共绿地面积

人均公共绿地面积＝小区公共绿地面积÷小区内居住总人口×100%

其中，小区公共绿地是为小区服务的集中的公共绿地，包括儿童运动场地、青少年活动场地和老年人休息绿地，以及小区内的中心公园、广场绿地、河滨绿地和设有行人休息设施的林荫道绿地等。

三、物业环境绿化部的主要岗位及职责

1. 绿化主管

（1）制定部门各岗位职责、规章制度、工作方案、计划、工作报告。

（2）负责绿化部工作的组织、落实、检查指导、考核管理。

（3）合理配置绿化养护用具的数量和绿化养护人员。

（4）负责绿化工作的现场管理，每周对绿化工作进行全面检查和指导，并做好相关

质量记录，发现问题及时采取处理措施。

（5）协助处理涉及绿化类管理或服务的业主投诉及紧急事件。

（6）负责绿化员工的入职引导和在职培训工作。

（7）负责每周对绿化养护区域进行巡查，并做好记录。

2. 绿化班组长

（1）对绿化主管负责，指挥全体员工，按照绿化养护工作细则逐项组织落实。

（2）巡视物业区域绿化生长情况，做好分析和记录，掌握物业区域绿化的基本情况，并向绿化主管提出绿化管理工作的合理化建议。

（3）收集业主对绿化养护工作的合理化建议，结合实际情况，协助绿化主管制定绿化保养工作计划、保养方法，确保绿化保养工作的正常开展。

（4）负责做好工作计划与每日实际工作完成情况报告，定期上交主管审阅。

（5）根据实际工作需要，及时调整本班内各种工具及员工的配置情况。

（6）监督绿化员工每日的出勤情况及工作情况，并协助绿化主管做好绿化员工的月度及年度工作考核。

3. 绿化员工岗位职责

（1）掌握绿化机械设备的使用和工具的日常保养方法。

（2）熟悉所管辖范围内的绿化布局，苗木的品种、数量。

（3）熟悉所管辖范围内花木的名称、种植季节、生长特点和培植管理方法。

（4）对遭受意外损坏或生长弱的苗木要及时修补、扶植、更新。

（5）对所管辖范围内的植物要及时培土、施肥、浇水、除病虫害、除杂草，以保持其生长茂盛。

（6）经常巡视绿化地，制止践踏草地、乱倒垃圾或在树干上晒衣物等行为。

（7）对造型树木、花篱、花球、花丛要及时修剪，保持良好的造型。

（8）发现枯枝枯叶要及时予以剪除，发现老化植株要及时更新。

4. 绿化仓库管理员

（1）负责的各种物料应分明别类，摆放整齐，做好出入库登记。

（2）负责消耗性材料的发放，并做好记录。

（3）负责发放肥料、农药或其他一次性用品。

（4）负责发放仓库保管的绿篱机、剪草机的使用。

（5）负责发放铁锹、刀、铲、桶等临时生产工具。

（6）负责发放修枝剪、胶管、禾镰、垃圾袋等日常用具。

（7）负责仓库物料的盘点、保管、申购、验收工作。

四、物业环境绿化管理模式

物业环境绿化管理的模式因物业公司管理方式、管理范围、管理目标及管辖范围内绿化情况和档次的不同而不同，应根据实际需要出发，结合物业区域的规模、管理难度、人员岗位的安排等因素，设置适合于物业区域的管理机构。总的来说，物业绿化管理具有专业化、社会化的趋势。

在选择采用何种运作模式之前应首先了解：①物业公司管理目标及运作模式；②管辖区域的绿化面积大小及档次定位；③公司的人力、物力资源情况；④当地园林绿化行业专业公司的运作情况等。在充分了解上述情况后，根据企业的实际情况采取相应的运作模式。一般来说，物业环境绿化管理模式有自主管理模式、半自主管理模式及外包委托管理模式等几种。

1. 自主管理模式

自主管理模式是指物业公司具有专门的绿化管理队伍、完善的花木生产基地及专业设计人员，自主完成公司管辖范围内的所有园林绿化的日常管理和改造，并且日常管理及改造所用的花木均由物业公司自行生产。在完全自主管理模式下，物业公司拥有一定规模的花场、较完整的园林绿化专业队伍、较齐全的园林绿化机械及工具，能够独立进行花木生产、小规模园林规划设计及施工、园林绿化日常养护管理等。完全自主管理模式下，物业绿化管理从属于环境服务部或单独成立一个绿化部。自主管理模式具有以下特点：

（1）物业公司具有较完善的园林绿化队伍，园林绿化技术力量较为雄厚，因此，物业公司除了可以保证管辖范围内园林绿化管理的水平外，还可以充分利用已有的人力资源开展对业主及对外的多种经营服务为公司创收，例如生产花木对外销售，为业主提供花木寄养及私家庭院代管，开展花艺装饰服务及花卉知识培训等。

（2）物业公司具有较完善的工具及机械设备，在自主管理模式下，由于绿化工种相对较为齐全，园林绿化管理用工具及机械较为完善，方便绿化管理。

（3）绿化员工及物资的调配具有较大的灵活性，方便管理，并能减少浪费。在物业绿化管理中，常常有一些诸如平时会议摆花、管理处搞活动需要会场布置等零碎的工作，有时为了方便业主而把工作时间调到夜间进行等工作调动，另外其他部门忙时也需要临时抽调人手帮忙。所有这些，在自主管理模式下，由于员工属于公司，安排员工的工作具有较大的灵活性，因而对日常的工作展开较为方便。

（4）由于人员较多，会造成人员、机构臃肿，公司负担也较重；但是如果能够充分发挥员工的创造力，也可以为公司带来可观的收入，将负担转变为动力。

2. 半自主管理模式

半自主管理模式是指在物业绿化管理中有一部分工作由物业公司的绿化管理人员自行完成，而另一部分工作则由物业公司出钱由社会上其他专业绿化公司完成。比较典型的例子是物业公司没有自己的花木生产基地，只负责绿化的日常管理、环境布置及一般性的绿化改造工作，而绿化改造及环境布置所需要的花木则从社会上其他专业公司购买。一些比较大型的绿化改造及园林工程，由社会上的专业公司承包完成。这种模式一般应用于管理区域具有一定绿化规模，但又没有条件或不方便采取完全自主管理的物业公司。半自主管理模式具有以下特点：

（1）可以充分利用社会资源，减轻物业公司的负担。在半自主管理模式下，物业公司不用花大量的人力物力去建造花木基地，也不必花大量的钱去买一些不太常用的专业机器、工具，而是根据目前社会分工越来越细的特点，充分利用社会上的专业资源，把一些不太常做的、专业化极强的工作交由社会上相应的专业公司来完成，减轻物业公司的负担。

（2）人员较少，管理容易。在半自主管理模式下，绿化工作人员相对较少，一般仅为完全自主管理模式的一半，机构设置简单，但操作层的员工还由物业公司控制，因此管理起来相对容易些。

（3）绿化管理具有消费性，由于绿化工作人员相对较少，不可能开展大规模的多种经营及对外创收活动。因此，绿化管理费用的支出远大于绿化创收，使绿化部门成为一个消费部门。所以，在半自主管理模式下，绿化部门在做好工作的前提下应尽量控制费用支出，减少物业公司的负担。

（4）物业绿化管理的费用及质量受市场影响较大，由于绿化改造及环境布置所用苗木等要从市场购买，其他一些专业性较强的工作也由社会上的专业公司来完成，因此，当市场价格变化时，物业绿化管理费用也难免会随之波动。另外，由于物业公司没有自己的花木基地，花木周转不灵活，当局部改造只需少量花木时必须从市场购买，而一些生长相对较差的植物由于不能撤到花木基地进行保养，只能将就着用或换掉，也影响绿化管理的质量。

3. 外包委托管理模式

外包委托管理模式是指物业公司与专门的园林绿化公司签订委托管理合同，将物业管理区域内的绿化管理工作以合同的形式转包出去，在这种管理模式下，物业公司只需要设立一个绿化监督小组，机构简单，职能明确。物业公司主要是定期对外包的绿化项目进行绿化养护工的检查和收集绿化缺漏的情况，及时督促承包公司进行改进工作，提高工作质量，具体的绿化管理工作由专业的园林部门进行。这种管理模式所需人员数量较少，物业公司只需配备1～2名环境管理人员，根据承包合同的内容，开展日常的检查工作。物业区域内的绿化改造及环境布置，根据合同的约定，不会随着市场价格的波动变化而受影响。

物业公司应坚持环境绿化“三分种、七分养”的原则，加强绿化的养护管理工作，深化环境景观化的管理制度，强化环境的绿化园容景观，为业主提供十分和谐、温馨，且能反映时代特色的、高品位的绿色环境空间。

思考与练习

1. 物业环境绿化有哪些作用？

2. 物业环境绿化的评价指标有哪些？

3. 物业绿化部的主要工作岗位有哪些？其具体职责分别是什么？

4. 三种物业环境绿化管理模式各有哪些优点和缺点？

5. 已知某物业区域占地总面积380.46万米^2，总建筑面积约1 850.45万米^2，住宅建筑面积约1 260.3万米^2，居住人口达20.6万，物业区域绿化面积达38.16万米^2，绿化覆盖面达120.23万米^2，试计算该物业区域的绿化覆盖率以及人均公共绿地面积。

第2节　物业常用绿化植物

在物业环境绿化管理的工作过程中，物业公司可以选择不同的植物来构筑物业区域内的园林绿化景观，为业主提供良好的工作和生活环境。

一、常见的物业环境绿化植物

1. 观赏乔木

乔木是指树身高大的树木，由根部发出独立的主干，树干和树冠有明显区分。乔木具有明显的高大主干，且主干高达6米以上，常见如杨树、槐树、松树、柳树、木棉、玉兰、白桦等高大的树种。

根据乔木的高度，可以分为伟乔（31米以上）、大乔（21～30米）、中乔（11～20

米）、小乔（6～10米）四个级别。

根据乔木在冬季或旱季是否落叶，可以分为落叶乔木和常绿乔木。其中，常绿乔木又有阔叶常绿乔木和针叶常绿乔木之分。

（1）落叶乔木

即每年秋冬季节或干旱季节叶子全部脱落的乔木。常见落叶乔木如木棉树、合欢树、银杏树、水杉等，如图3—2—1所示。

木棉树　合欢树　银杏树　水杉

图3—2—1　常见落叶乔木

落叶乔木叶色随季节而变化，树叶存在期短，一年内叶子便会全数脱落，全部老叶脱落后便进入休眠时期。一般绝大多数的落叶树都处于温带气候条件下，夏天繁茂，冬天落叶，少数树种可以带着枯叶而越冬。落叶是植物减少蒸腾、度过寒冷或干旱季节的一种适应习性，这一习性是植物在长期进化过程中形成的。落叶的原因，是由短日照引起的，其内部生长素减少，脱落酸增加，产生离层的结果。落叶乔木在园林绿化中占有重要地位，用途非常广泛，可用作行道树、庭荫树及观叶、观花、观果树等。由于落叶乔木具有明显的季相特点，因此，一方面可以利用树木外形、结构和色彩的丰富多变将植物做有意识的配置；另一方面，落叶树木的叶色常因季节的不同发生明显变化，这些变化在园林造景中起着举足轻重的作用。

（2）常绿乔木

如图3—2—2所示，常绿乔木是一种终年具有绿叶的乔木。这种乔木的叶寿命是两三年或更长，并且每年都有新叶长出。在新叶长出的时候也有部分旧叶的脱落，由于是陆续更新，所以终年都能保持常绿，如小叶榕、大王椰子、樟树、马尾松、南洋杉、芒果树等。这种乔木由于其有四季常青的特性，因此常被用来作为绿化的首选植物，由于它们常年保持绿色，其美化和观赏价值很高。

南方地区物业环境绿化中，常用于庭荫树种的乔木一般有香樟树、大小叶榕、垂

小叶榕　大王椰子　樟树　马尾松

图 3—2—2　常见常绿乔木

柳、洋紫荆、凤凰木、银杏、梧桐等。这些乔木枝繁叶茂、绿荫如盖，以阔叶树种为主。常用于种植在各种道路两侧及分车带的行道树，一般有芒果树、黄槐、白千层、白兰树、台湾相思、竹柏、水杉、枫树等，行道树的选择应用上以形态优美、速生长、抗污染、易管理的树种为主。另外，常用的乔木还有桂花、含笑、南洋杉、秋枫、蒲桃、橡胶榕等。

北方地区物业环境绿化中，一般选择耐寒性比较好的植物，以落叶乔木为主，结合常绿树种进行园林绿化。其中针叶类的乔木有松树（雪松、马尾松、红松、油松、樟子松等）、云杉、龙柏等；阔叶乔木一般有柳树、合欢、刺槐、香花槐、香樟等；另外常见的乔木还有白桦、白杨、广玉兰、五角枫等。

2. 观赏灌木

灌木是指高 3 米以下，丛生无明显主干的木本植物，有时也有明显主干。一般可分为观叶、观花、观果、观枝干等几类。

灌木一般通过人工修剪造型的办法，体现植物的修剪美、群体美。灌木具备叶形小而密集、萌枝力强、耐修剪、整体观赏色彩效果好等特点，一般用于绿篱或造型设计，可以观叶、观花、观果、观枝干等。利用各种灌木植物组合成色块，应用于不同场合，比如道路两旁、花坛、住宅楼旁、角落等区域，能起到丰富景观、增加绿量的作用，有着简洁明快、气度不凡的效果。

灌木常用于小型景观的色泽搭配。红色类灌木包括红叶小檗、美国红栌、紫叶矮樱、紫叶风箱果、丰花月季、红瑞木、椤木石楠等；黄色类灌木包括金叶女贞、洒金柏、棣棠、金叶莸、金叶榆、黄刺玫、黄金榕等；绿色类灌木包括小叶女贞、大叶黄杨、小叶水蜡、石楠、火棘、小刺柏、地柏、龙柏、绒柏、小叶黄杨、金银花等。另外，常见灌木还有玫瑰、杜鹃、牡丹、黄杨、连翘、迎春、月季、茉莉、沙柳等，如图

3—2—3 所示。

大叶黄杨　　红叶小檗　　杜鹃花　　金银花

图 3—2—3　常见灌木

3. 藤本植物

藤本植物又名攀缘植物，是指茎部细长，不能直立，只能依附在别的植物或其他物体（如树、墙等）缠绕或攀缘向上生长的植物，或匍匐于地面上生长的一类植物。藤本植物一直是造园中常用的植物材料，如今可用于园林绿化的面积愈来愈小，充分利用攀缘植物进行垂直绿化是拓展绿化空间、增加城市绿量、提高整体绿化水平、改善生态环境的重要途径。常见的藤本植物有牵牛花、爬山虎、凌霄、紫藤等，如图 3—2—4 所示。

牵牛花　　爬山虎　　凌霄　　紫藤

图 3—2—4　常见藤本植物

在垂直绿化中常用的藤本植物，有的用吸盘或卷须攀缘而上，有的垂挂覆地，用长的枝和蔓茎、美丽的枝叶和花朵组成景观。藤本植物在花园中起着双重作用。藤本植物的花朵、叶子或果实会在栅栏、棚架或路灯柱上显得格外引人注意。此外，藤本植物可遮挡建筑物的瑕疵，提供阴凉，以及将树干、墙和栅栏装点成有绿叶点缀的风景。许多藤本植物除观叶外还可以观花，有的藤本植物还散发芳香，有些藤本植物的根、茎、叶、花、果实等还可以提供药材、香料等。利用藤本植物发展垂直绿化，可提高绿化质量，改善和保护环境，创造景观、生态、经济三相宜的园林绿化效果。

在物业环境绿化中，庭院垂直绿化主要有两种形式：一种是栽植有吸盘的攀缘植物，任其自然攀附于墙面、廊柱、篱笆、花架、栅栏等上面随意生长；另一种是用水泥柱、木柱等作为支撑骨架，再用人工造型做成拱门、廊棚等形式，将藤蔓植物牵引到骨架上让其攀缘生长，从而形成具有一定艺术造型的拱门、花廊、花棚架、花栅栏等，既有较好的遮阳效果，又有良好的观赏价值。

藤本植物根据其茎的结构的不同，又可分为木质藤本（如葡萄、紫藤等）与草质藤本（如牵牛花、长豇豆等）。根据其攀爬的方式，可以分为缠绕藤本（如牵牛）、吸附藤本（如常春藤）、卷须藤本（如葡萄）和攀缘藤本（如藤棕）。还有一种特殊的藤本蕨类植物，并不依靠茎攀爬，而是依靠不断生长的叶子，逐渐覆盖攀爬到依附物上。根据生长期限，可以分为一年生藤本和多年生藤本。一年生藤本植物有苦瓜、丝瓜羽、叶茑萝、瓠子瓜、长白苦瓜、圆叶牵牛、羽叶茑萝、重瓣牵牛、眉豆、掌叶茑萝等。多年生藤本植物有爬山虎、五叶地锦、山葡萄、金银花、紫藤、凌霄、怜悯、金秀娃、三叶地锦、荞麦、啤酒花等。

4. 竹类植物

竹类植物属禾本科竹亚科。竹亚科是一类再生性很强的植物，是重要的造园材料，是构成中国园林的重要元素。有的低矮似草，有的高如大树。通常通过地下匍匐的根茎成片生长，也可以通过开花结籽繁衍。为多年生植物。有一些种类的竹笋可以食用。中国是竹类植物分布的中心地区之一，除黑龙江、吉林、内蒙古、新疆外，全国均有分布。竹类植物是集文化美学、景观价值于一身的优良观赏植物，在中国古代、近代及现代园林中均广泛应用。常见的竹类如图 3—2—5 所示。

竹的种类很多，合计达 500 余种，大多可供庭院观赏，著名品种有：楠竹、凤尾竹、小琴丝竹、佛肚竹、大佛肚竹、寒竹、湘妃竹、毛竹、罗汉竹、观音竹、金镶玉竹等。

竹类大都喜温暖湿润的气候。竹子对水分的要求，高于对气温和土壤的要求，既要有充足的水分，又要排水良好。竹子四季常青，挺拔秀丽，色彩缤纷，千姿百态。凤尾竹，枝叶挺秀细长；琴丝竹，在金黄色的枝干上镶有碧绿的线条；湘妃竹，枝干上生有花斑，青秀婀娜；斑叶苦竹，在叶片上生有斑白图案；紫竹、黄竹、赤竹，其枝干分别带有紫色、黄色和紫红色；花身竹，在绿色的枝干上镶有黄色的线条；佛肚竹，枝干短粗，并向外凸出，好似罗汉的大肚子。此外，还有龙鳞竹、碧玉竹、鸡爪竹等，也是竹

佛肚竹　　鸡爪竹　　凤尾竹　　花身竹

图3—2—5　常见的竹类

中的珍稀品种。竹除观赏外，还是优良的建筑材料。竹笋是美食，可制成笋干或罐头。

5. 地被植物

地被植物是指某些有一定观赏价值，铺设于大面积裸露平地或坡地，或适于阴湿林下和林间隙地等各种环境覆盖地面的多年生草本和低矮丛生、枝叶密集或偃伏性或半蔓性的灌木以及藤本。地被植物株丛密集、低矮，经简单管理即可用于代替草坪覆盖在地表，防止水土流失，能吸附尘土、净化空气、减弱噪声、消除污染，并具有一定观赏和经济价值。它不仅包括多年生低矮草本植物，还有一些适应性较强的低矮、匍匐型的灌木和藤本植物。

多年生地被植物，常绿或绿色期较长，可以延长物业区域内绿化的观赏和利用的时间。具有美丽的花朵或果实，而且花期较长，具有独特的株型、叶型、叶色和花色的季节性变化。具有匍匐性或良好的可塑性，这样可以充分利用特殊的环境造型。植株相对较为低矮，可以通过修剪人为地控制株高，也可以进行人工造型。具有较为广泛的适应性和较强的抗逆性，耐粗放管理，能够适应较为恶劣的自然环境。具有发达的根系，有利于保持水土以及提高根系对土壤中水分和养分的吸收能力；或者具有多种变态地下器官，如球茎、地下根茎等，以利于储藏养分，保存营养繁殖体，从而具有更强的自然更新能力。具有较强或特殊净化空气、降低噪声污染的功能，如有些地被植物吸收二氧化硫和净化空气能力较强，有些则具有良好的隔声和降低噪声效果。在园林配置中，要善于观察和选择，充分利用这些特性，并结合实际需要进行有机组合，从而达到理想的效果。

地被植物的种类繁多，有一、二年生草花、宿根观花、宿根观叶、水生耐湿、藤本、矮生灌木、矮生竹类等种类的地被植物。

（1）一、二年生草花地被植物

一、二年生草花是鲜花类群中品种最丰硕的家族，其中有不少是植株低矮、株丛密集自然、花团似锦的种类，如紫茉莉、太阳花、金盏菊（见图 3—2—6）、雏菊（见图 3—2—7）、香雪球等。它们风格粗放，是地被植物组合中不可或缺的部分，在阳光充足的地方，一、二年生草花作地被植物，更显出其优势和活力。

图 3—2—6　金盏菊

图 3—2—7　雏菊

（2）宿根观花地被植物

花色丰富，品种繁多，种源广泛，作为地被应用不仅景观美丽，而且繁殖力强，养护管理粗放，如鸢尾、玉簪、萱草、马蔺等，被广泛应用于花坛、路边、假山园及池畔等处，尤其是耐阴的观花地被植物更受欢迎。那些观赏价值高、颜色丰富、生长稳定、抗逆性强的宿根地被植物被广泛应用到绿化设计中，而花期长、节日盛开的种类如“五一”时期开花的玲兰、山罂粟、铁扁豆等，国庆节开花的葱兰、小菊、矮种美人蕉等在节日期间被广泛应用。

（3）宿根观叶地被植物

大多数宿根观叶地被植物低矮，叶丛茂密贴近地面而且多数是耐阴植物，如麦冬、石菖蒲、万年青等，在全国各大城市园林绿化中被大量应用，生态效果良好。而叶型优美、耐阴能力强的虎儿草、蕨类等植物以及经济价值高的薄荷、藿香等阔叶型观叶植物也越来越被人们所关注。

（4）水生耐湿地被植物

在园林建设中，水池、溪流及水体沿边地带，需要选用适生的、耐湿性较强的覆盖植物，用来美化环境和点缀景观，同时能防止和控制杂草危害水体，如慈姑、水菖蒲、泽泻等。

（5）藤本地被植物

大部分藤本地被植物可以通过吸盘或卷须爬上墙面或缠绕攀附于树干、花架。凡是能攀缘的藤本植物一般都可以在地面横向生长覆盖地面。而且藤本地被植物枝蔓很长，覆盖面积能超过一般矮生灌木几倍，具有其他地被植物所没有的优势。现有的藤本植物可以分为木本和草本两大类，草本藤蔓枝条纤细柔软，由它们组成的地被细腻漂亮，如草莓、细叶茑萝等；木本藤蔓枝条粗壮，但绝大部分都具有匍匐性，可以组成厚厚的地被层，如常春藤、五叶地锦、山葡萄、金银花等。

（6）矮生灌木地被植物

灌木在园林植物中是一个很大的类群，其中植株低矮、枝条开展、茎叶茂盛、匍匐性强、覆盖效果好的品种、变种是组成植物群落下层不可缺少的类型，作为地被有其他地被植物所不及的优点，矮生灌木生长期长，不用年年更新，管理也比草本植物粗放，移植、调整方便，大部分品种可以通过修剪进行矮化定向培育；一般均具有木本植物的骨架，形成群落比较稳定，如八仙花（见图3—2—8）、栀子花（见图3—2—9）、棣棠花、小檗等。

图3—2—8　八仙花

（7）矮生竹类地被植物

低矮丛生的竹类适应性强，我国大部分地区都可栽植，且终年不枯，枝叶潇洒，景观独特，如箬竹、凤尾竹、鹅毛竹等。

图 3—2—9 栀子花

物业环境绿化中常用的地被及观叶植物包括：①灌木类地被植物，如杜鹃花、栀子花、枸杞等；②草本地被植物，如三叶草、马蹄金、麦冬等；③矮生竹类地被植物，如凤尾竹、鹅毛竹等；④藤本及攀缘地被植物，如常春藤、爬山虎、金银花等；⑤蕨类地被植物，如凤尾蕨、水龙骨等；⑥其他一些适应特殊环境的地被植物，如适宜在水边湿地种植的慈姑、菖蒲等，以及耐盐碱能力很强的蔓荆、珊瑚菜和牛蒡等。

不同类型的绿地，因其性质和功能不同，对地被的要求也不同。如在建筑住宅旁的绿化，主要是覆盖泥土，美化环境，需要选用的是耐阴类的地被植物进行布置；在道路两侧的绿地，则需要根据道路的用途以及宽窄来选择，只有因地制宜，才能使物业区域内的业主欣赏到不同景观的植物配置。

6. 水生植物（见图 3—2—10）

能在水中生长的植物，统称为水生植物。陆生植物为了从土壤中吸收水分和养分，必须有发达的根部；为了支撑身体，便于输送养分和水分，必须有强韧的茎；根与茎都有厚厚的表皮包着，防止水分的流失。水生植物四周都是水，不需要厚厚的表皮来减少水分的散失，所以表皮变得极薄，可以直接从水中吸收水分和养分。根据水生植物的生活方式，一般将其分为以下几大类：挺水植物、浮叶植物、漂浮植物和沉水植物。

挺水植物是指挺水型水生植物。植株高大，花色艳丽，绝大多数有茎、叶之分；直立挺拔，下部或基部沉于水中，根或地茎扎入泥中生长，上部植株挺出水面。挺水型植物种类繁多，常见的有荷花、千屈菜、菖蒲、黄菖蒲、水葱、再力花、梭鱼草、花叶芦竹、香蒲、泽泻、旱伞草、芦苇等。

浮叶植物是指浮叶型水生植物。根状茎发达，花大，色艳，无明显的地上茎或茎细弱不能直立，叶片漂浮于水面上。常见种类有王莲、睡莲、萍蓬草、芡实、荇菜等。

漂浮植物是指漂浮型水生植物。种类较少，这类植株的根不生于泥中，株体漂浮于水面之上，随水流、风浪四处漂泊，多数以观叶为主，为池水提供装饰和绿荫。又因为

睡莲　王莲　荷花　金鱼藻

图 3—2—10　常见水生植物

它们既能吸收水里的矿物质，又能遮蔽射入水中的阳光，所以也能够抑制水体中藻类的生长。漂浮植物的生长速度很快，能更快地提供水面的遮盖装饰。但有些品种生长、繁衍得特别迅速，可能会成为水中一害，如水葫芦等。所以需要定期用网捞出一些，否则它们就会覆盖整个水面。另外，也不要将这类植物引入面积较大的池塘，因为如果想将这类植物从大池塘当中除去将会非常困难。

沉水植物是指沉水型水生植物。根茎生于泥中，整个植株沉入水中，具有发达的通气组织，利于进行气体交换。叶多为狭长或丝状，能吸收水中养分，在水下弱光的条件下也能正常生长发育。对水质有一定的要求，因为水质浑浊会影响其光合作用。花小，花期短，以观叶为主。

水生植物在营造园林景观中不可或缺，不仅具有较高的观赏价值，还可以净化和改善水质，成为现代城市建设和生态水景设计的必需元素。水景设计同其他植物类群的设计遵循相同的原则，就是使用对比或互补的色彩、质地和形状。如果选择具有多样化的叶子、花色、花形以及种实的水生植物，它们可以提供范围广泛的多种趣味。在营造园林水景时，水生植物不仅极大地丰富了园林的水体景观，还将景观美学与生态系统保护巧妙地结合为一体。

7. 草坪植被

草坪植被通常是指以禾本科草或其他质地纤细的植被为覆盖，并以它们大量的根或匍匐茎充满土壤表层的地被，是由草坪草的地上部分以及根系和表土层构成的整体。当它处于自然或原材料状态时一般称草皮，在具一定设计建造结构和使用目的（庭院、公园、公共场所的美化以及环境保护、运动场地等）时称草坪。草坪草有不同的分类方法，具体类型见表 3—2—1。

表 3—2—1 草坪的类型

分类依据	具体类型	说明
按气候与地域分布分类	暖季型草坪草	暖季型草耐热不耐寒，适合在我国南方种植
	冷季型草坪草	冷季型草耐寒力较强，适合在我国北方种植
按草叶的宽度分类	宽叶草类	宽叶草类茎叶粗壮，生性强健，适应性强，适于大面积种植，如结缕草、地毯草、假俭草等
	细叶草类	细叶草类茎叶纤细，可形成致密草坪，但长势较弱，要求日光充足，土质良好，如细叶结缕草、早熟禾等
按草种高矮分类	低矮草类	低矮草类株高一般在 20 厘米以下，可形成低矮致密的草坪，如结缕草、细叶结缕草、狗牙根等
	高型草类	高型草类株高通常 30～100 厘米，一般为种子繁殖，生长快，如早熟禾、黑麦草等
按草坪植物品种的组合分类	单纯草坪	单纯草坪是由一种草种组成的草坪
	混合草坪	混合草坪是由两种或两种以上草坪植物混合组成的草坪
	缀花草坪	缀花草坪是以禾本科草本植物为主，混播少量开花艳丽的其他多年生草本植物组成的草坪

二、物业环境绿化植物选择的原则和注意事项

1. 物业绿化植物选择的原则

物业区域内的绿地结构比较复杂，在植物选择和配置上应灵活多变，不可单调、呆板。需要遵循以下几个原则：

（1）因地制宜的原则

植物的选择要结合本地区的气候和水土，一般来说，在选择植物的时候，要首先选择本地区的乡土树种，适应能力强，才能确保植物的正常生长发育。不要单纯考虑景观配置，要充分考虑物业区域的土壤气候特点，否则配置不好会造成苗木死亡，给养护和景色也会造成很大破坏和损失。

1）根据物业区域具体环境选择合适树种。因为居住的房屋建设时，对原有土壤破坏极大，建筑垃圾就地掩埋，土壤状况进一步恶化，因此，应选择耐贫瘠、抗性强、管理粗放的树种为主，以保证种植成活率和尽快达到预期环境效果。

2）要根据物业区域绿化部位及功能需要选择合适的树种。物业区域内的绿化，要能最大限度地发挥其使用功能，满足人们生活、休息的需要，应充分考虑到植物的生物学特性，做到适地适树。根据物业区域的各种环境，如阴面、阳面、山墙、屋顶、阳台等，以乡土树种为主从当地自然植被中选择优良的树种，充分体现本土树种的优良特性。经过长期驯化考验的外来树种在合适的情况下也是可以选择的。结合城市特色，优

先选择市花、市树及骨干树种，适应城市立地条件，结合城市景观要求进行选择。

（2）注重实用性的原则

物业区域的公共绿地面积较大，是为居民提供工余、饭后活动休息的场所，利用率高，要求位置适中，方便居民前往，平面布置形式以规则为主的混合式为好。植物配置突出“草铺底，乔遮阳，花藤灌木巧点缀”的公园式绿化特点，植物多丛植、孤植、坪植、坛植和棚架植等。居住区的道路、围墙绿化，可栽植树冠宽阔、枝叶繁茂、遮阳效果好的小乔木、开花灌木或藤本。宅旁绿化，包括住宅前后及两栋住宅之间的用地，约占物业区域绿地的50％以上，是住宅区绿化的最基本单元，宅旁绿化应考虑不遮挡业主窗户，以高大的树种为主。

1）绿地空间的组织与划分应考虑到不同层次人群的需要，还要考虑不同人群使用的概率、时间和规模，以便能最科学地划分不同面积、不同位置的活动空间；规划设计不仅要考虑植物配置与建筑构图的均衡，以及对建筑的遮挡与衬托，更要考虑居民生活对通风、光线、日照的要求，花木搭配应简洁明快，树种选择应按三季有花、四季常青来设计，并区分不同的地域，因地制宜。

2）园林设施、园林小品、园林建筑等的设置要以符合和方便居民使用为前提。在规划布局时，要考虑到设施的便利性、安全性、尺度比例等问题，尽量做到物尽其用。

（3）生态环保的原则

在植物景观的组合上，应以生态理论做指导，以常绿树为主基调，适当穿插四季花卉，力求树木高低错落有致、疏密有序，形成优良的植物总体和局部效果。绿地的规划尽量减少草坪的应用，因为草坪的生态效益比起乔木和下层灌木来说相对较差。而至于其他的如吸烟滞尘等功效，草坪是更比不上的。因而多用乔灌木，创造植物群落景观，既增加单位面积上的绿量，又有利于人与自然的和谐，这是非常符合可持续发展原则的。

此外，在硬质材料应用上，要能考虑满足当今人们回归自然的渴望，因而各种空间的设施设置、材料质感的应用和景观的创造都应充分考虑人们钟情于自然的心理需求。如尽量应用一些自然的造园材料，少用一些人工味较浓的装饰材料，如不锈钢、人造陶瓷、素色混凝土等。

（4）疏密有致、预留生长空间的原则

为了不影响居民的正常生活、休息，种植设计应做到疏密有致，即宅旁活动区绿化多为稀疏结构，使人轻松、愉快，获得充足的自然光；在垃圾场、锅炉旁和一些环境死角外围密植常绿树木；道路上用遮阳小乔木配置要考虑种植的位置与建筑、地下管线等设施的距离，避免有碍植物的生长和管线的使用与维修。一般乔木需距建筑物5～8米，灌木距建筑和地下管网 1.5 米。在高层建筑四周气流较强，不宜种植高大乔木。树丛的组合，从平面与立面构图、色彩、季相等方面要有变化。

(5) 各类植物合理配置的原则

不要出现“重草轻树”的现象，要充分发挥树木的造氧功能。常绿与落叶、速生与慢长相结合，乔灌与地被、草皮相结合，适当点缀些草花，构成多层次的复合结构，既满足生态效益的要求，又能达到观赏的景观效果，创造出安静和优美的人居环境。因此，物业区域绿化不仅要提高绿地率，而且更重要的是要提高绿地的叶面积指数。要尽量选用叶面积大、叶片宽厚、光合效率高的植物，提高造氧功能。

植物配置在统一基调的基础上，树种力求丰富，有变化，避免种类单调，配置形式雷同。树种选择和配置方式要适合不同绿地的要求。如在主次干道和街道以乔木为主，选用花灌木为陪衬；在道路交叉口，道路边要配置色彩鲜艳的花坛；在公共绿地的入口处和重点地方，种植体形优美、季节变化强的植物；在庭院绿地中以草坪为基调，适当点缀些生长速度慢、树冠遮幅小、观赏价值高的低矮灌木。如千年红、珊瑚树、火棘等常绿灌木，这些花色艳丽、红果累累的花灌木，能起到“万绿丛中一点红”的效果，更能显示出绿地的整体美。

在做好平面绿化的同时，相应设计垂直绿化和布景。例如，墙面绿化：在一些装饰性不强，而又朝西的墙面，可以适当应用爬墙虎、常春藤等攀爬性的植物来绿化美化。墙头绿化：在物业区域的围墙和其他用来分隔空间的墙体，也可用攀爬植物绿化。阳台绿化：在建筑设计时最好就考虑到，以方便业主绿化和增加绿化装饰性。园林构筑物绿化：在绿地规划设计时应设计一些可以垂直绿化的园林建筑或建筑小品，如花架、棚架、凉亭等。此外，还应尽可能规划设计一些屋顶花园，既可尽量扩大绿化面积，还可借此创造立体景观。

(6) 植物保健原则

要充分利用具有生态保健功能的植物来提高环境质量，如杀菌和净化空气等，以利居民身心健康。保健植物杀菌的有松柏类植物、丁香、柠檬、天竺葵等，它们都能分泌出植物杀菌素，杀灭有害细菌，为空气消毒；吸收有害气体的有罗汉松、山茶花、海桐、棕榈、大叶黄杨、桂花等，它们能有效吸收大量的二氧化硫、氯化氢、氟化氢等有害气体；另外，还有一大批吸滞烟尘和粉尘的保健植物，如黑松、侧柏、樟树、广玉兰、夹竹桃等。这些保健植物如能在物业区域绿地中得到合理应用，会给居民带来健康和增加居住环境效益。

2. 物业绿化植物选择注意事项

(1) 无污染，无伤害性。居住区所选植物本身不能产生污染，忌用有毒、有刺激、有异味、易引起过敏的植物，应选无飞毛、少花粉、落叶整齐的植物。

（2）抗污染。生活区的污染主要来自锅炉煤烟、生活污水、污物、污气（CO_2）以及四周街道上扬起的灰尘。所选树种（植物）应有较强的抗污染特性。

（3）少常绿，多落叶。居住区由于楼房的相互遮挡，采光往往不足，特别是冬季，光强减弱，光照时间短，采光问题更加突出，因此要多选落叶树，少选常绿树。

（4）以阔叶树木为主。居住小区是人们生活、休息和游憩的场所，应该给人一种舒适、愉快的感觉。但在中国传统美学中，针叶树的松柏给人的是庄严、肃穆感。所以，小区内应以种植阔叶树为主，在道路和宅旁更为重要。

（5）种植设计中，充分利用植物的观赏特性，进行色彩组合与协调，通过植物叶、花、果实、枝条和干皮等显示的色彩，以一年四季中的变化为依据来布置植物，创造季相景观。做到一条带一个季相，或一片一个季相，或一个组团一个季相，乔、灌、藤、草、花有机搭配，丰富植物种类，创造四季景观。夏荫（五角枫、广玉兰等），春花（白玉兰、榆叶梅、丁香、连翘等），秋实或彩叶（金李类、乌桕、栾树等），冬青（法青、石楠、海桐、黄杨等）。

（6）选择有小果、小种子的植物，招引鸟类。栽植一定数量的结果实和种子的植物，能模拟出自然景观，引来鸟类，形成“鸟语花香”的环境，如李类、金银木、苹果类、菊类、向日葵、柳树、串红、海棠等。

物业环境区域内植物配置和选择，要确立“以人为本”的正确导向，最大限度地考虑居民的生活与休闲的要求，结合小品、园路、小型绿地广场、健身场地等各种方式来促进居民和自然的亲和性，而不单单为绿化而绿化，要为业主创造一个自然的空间接纳他们的生活和情趣。植物的选择、搭配和种植要满足物业区域居民生活、休闲的需求。

思考与练习

1. 典型的观赏乔木有哪些？
2. 典型的观赏灌木有哪些？
3. 物业环境绿化中，植物的选择要注意哪些原则？
4. 物业绿化植物的选择有哪些注意事项？

第 3 节　物业室外环境绿化管理

在进行物业绿化建设时，应从绿化的作用、业主和使用人的需要出发，尽可能营造一个温馨宜人的生活工作环境，以减缓紧张情绪、消除工作疲劳。

一、物业室外环境绿化的概念及设计要点

1. 物业室外环境绿化的概念

物业环境室外绿化主要是指物业区域内室外空间，包括公共活动中心、宅旁和庭院、组团、停车场以及专用公共建筑等区域的绿化，如图 3—3—1 所示。物业室外环境绿化管理主要是对所辖公共区域各种绿地、园林、建筑小品等进行管理。物业公司应积极开展日常室外环境绿化的养护管理工作，为物业区域内的业主和使用者创造一个优美、舒适的居住、生活和学习环境。

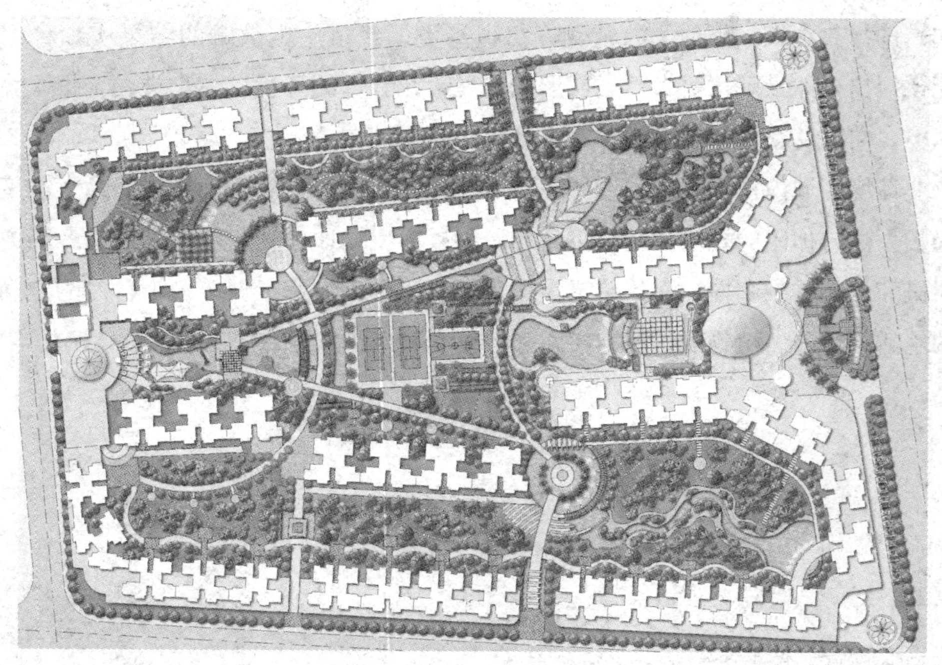

图 3—3—1　物业室外环境绿化

2. 物业室外环境绿化设计要点

物业室外环境绿化设计需要依据物业区域自身的特点，扬长避短，因势利导地运用有创造力的设计手法，有以下几点注意事项：

（1）以人为本

物业室外环境绿化总的原则是和谐性、生态性、景观性，并要保证经济合理，要突出健康的生活理念，体现人和人之间的和谐、人与环境之间的和谐。要顾及不同年龄段业主的需求。在绿地设计中需要有一定的游憩空间，需要为业主尤其是老人和儿童设置一定的活动面积，有业主散步、游览的道路，可活动的铺装场地、游戏场和简易、安全的活动设施，适当安排不同年龄和不同文化层次业主的服务内容。

（2）植物合理搭配

物业室外环境中绿地的植物配置应根据居住环境的功能要求，按乔木、灌木、地被、草坪等的生态习性合理配置，要考虑植物之间组合平面、立面的构图以及色彩、季相和形态，并注意意境，要与建筑、道路、建筑小品等有机结合，相得益彰。配置方式应丰富多样，既要符合发挥绿化功能的要求，又要符合为业主和使用人创造富有工作或生活气息的绿色环境的要求。物业区域绿地不仅要有足够的绿地面积，还应有足够的绿色量，在单位面积上拥有最佳的叶面积指数、绿色体积量，充分发挥植物生态效益，便于业主和使用人游憩等活动，避免过多使用绿化效应相对较小的大草坪，或以单调树种排列的树木。

充分利用有限的绿地面积和空间进行垂直绿化，在可能条件下进行屋顶绿化，增加绿化的空间层次和绿色量，有利于改善和提高物业区域小气候环境。物业区域绿地规模有限，功能要求不同于城市公园，设置的建筑小品体量不宜过大，否则与建筑环境的空间尺寸不相称；同时，其设置的数量也不宜过多。

（3）四季各异，体现季相

物业室外环境绿化是业主和使用人一年四季工作或生活、憩息的环境。在植物的配置上应考虑季节变化，营造春则繁花吐艳、夏则绿荫清香、秋则霜叶似火、冬则翠绿常延的景观，使之同业主和使用人春夏秋冬的生活规律同步。建议选择一些具有强烈季相变化的植物，如雪松、玉兰、法桐、元宝枫、紫薇、女贞、大叶黄杨、柿树和应时花卉等，萌芽、抽叶、开花、结果的时间相互交错，达到季相变化。还应乔、灌、花、草相结合，常绿与落叶相结合，速生与慢长相结合。同时考虑通风、采光。最后达到功能优先、注重景观、以绿为主的目的。

（4）与建筑物外观协调

物业区域绿地既要与所辖区域内建筑保持格调统一，又要注意植物的多样化。统一中求变化，创造优美的林冠线和林缘线，打破建筑群体的单调和呆板感。植物配置“杂而不乱”，避免雷同，不同区域形成不同的特色，便于方向的辨别与位置的确定，同时也可大大丰富生物多样性。注意植物配置的季相景观，尽量做到三季有花花不同，四季有景景各异。充分利用植物的观赏特性，进行色彩的组合与协调，通过植物的叶、花、果、枝和干在一年四季中的不同变化来布置植物。

（5）注重生态，改善环境

近年来，不少物业管理区植物配置时出现了“棕榈热”“草坪热”等。许多北方城市出现棕榈南国风光，但是由于北方气候、土壤、水质与南方差异较大，因此成活率低。另外，大面积草坪见绿快、大气恢宏，但其生态效益却很低，使物业区域成为“露天工程”。物业管理区域内的绿地规划，必须以城市生态系统为基础，注重生态效益，以提高物业区域的环境质量，维护和保持城市的生态平衡。

二、物业室外绿化不同区域植物的配置

物业区域内的绿地规划在考虑到生态和人们的使用要求外，还要能体现出地方特色，展现物业风格；在不同功能区域选择植物的时候，要结合区域的用途及特点，通过植物的种植来营造绿化效果。能最大限度地发挥其使用功能，满足人们工作、生活、休息的需要。

1. 住宅区植物配置

（1）宅旁绿化

居住小区宅旁绿地是居民日常休闲和交往的重要场所，是小区绿化的基础。同时，宅旁绿地对整个物业区域住宅建筑起到了美化、装饰、标示的作用，合理地设计宅旁绿地，能使植物与建筑景观相得益彰。随着经济的发展，人民群众物质、文化生活水平的不断提高，人们对居住环境的要求也越来越高。宅旁绿地作为物业区域点、线、面绿地系统中面的绿化形式，它不但影响物业区域业主的生活，同时也关系到物业区域绿地系统整体效益的发挥。

1）宅旁绿化设计原则。宅旁绿地是家门口的绿地，其与居民各种生活息息相关，具有通达性和实用观赏性。宅旁绿地属于“半私有”性质，常为相邻的住宅居民所享用。因此，物业区域公共绿地要求统一规划、统一管理，而宅旁绿地则可以由业主自己管理，实行自由的绿化模式，而不必推行同一种模式。满足业主全方位的身心活动的需要，追求实用效果，营造人文关怀的景观内容。物业区域宅旁绿地的设计要符合有关规范要求，做到有章可循。

首先，选择适宜的植物种类。宅旁绿地通常面积较小，多以绿化为主。宅旁绿地较小区公共集中绿地相对面积较小但分布广泛，且由于住宅建筑的高度和排列的不同，形成了宅间空间的多变性，绿地因地制宜也就形成了丰富多样的宅旁绿化形式。宅旁绿地关系到一个物业区域业主的生活质量，同时也影响着物业区域绿地系统整体效益的发

挥。因此，宅旁绿化应根据不同的环境，选择适宜的植物种类创造景观，营建良好的社区环境。

其次，以老人和儿童活动需求为设计中心。宅旁绿地最主要的使用对象是学龄前儿童和老年人，老人、儿童是宅旁绿地中游憩活动时间最长的人群，满足这些特殊人群的游憩要求是宅旁绿地绿化景观设计首要解决的问题，绿化应结合老人和儿童的心理与生理特点来配置植物，合理组织各种活动空间、季相构图景观及保证良好的光照和空气流通。

再次，考虑住宅建筑物的特点。如图 3—3—2 所示，宅旁绿化应配合住宅的类型，居住建筑的平面关系，层数和楼的高低，间距大小，向阳或背阴等不同环境进行设计。居室南面应考虑通风采光的要求，高层建筑的宅旁绿化则要考虑背阴面的特殊要求。绿化景观与住宅建筑形式协调，使绿化植物的形态、大小、高度、色彩、季相变化与庭院的大小、建筑的层次相协调。注意内外绿化景观的结合过渡，使宅旁绿地与相邻道路绿化、公共绿地的组团绿地、中心游园等小区绿地景观相互渗透，形成良好的整体效果。

图 3—3—2　宅旁绿化考虑建筑物特点

2）宅旁绿地景观设计注意事项。首先，绿化植物的选择是宅旁绿化景观设计成败的重要一环。植物的选择、搭配特别要注意完善宅旁绿地的功能要求以及与小区的建筑风格、色彩协调。丰富绿化内容，避免景色单调。整个居住小区宅旁绿地树木应该丰富多样，但具体到各个宅旁绿地应各具特色。要考虑四季景观结合普遍绿化的景观效果，合理采用常绿树和落叶树，乔木和灌木，速生树和慢长树，乔、灌、花、草与蔓生植物，观形、赏花、闻香与取色结合的植物配置，如图 3—3—3 所示。

其次，符合生态要求，满足生活需求。住宅周围因建筑物的遮挡而造成的阴影区，树种选择要注意耐阴性，保证阴影区域的绿化效果。结合宅旁绿地空间狭小的特点，合理应用攀缘植物，进行垂直绿化。住宅建筑南向窗前，以低矮灌木和枝叶疏朗的落叶中

图 3—3—3　宅旁绿化

小乔木为宜，满足低层住宅对通风采光的要求。

再次，养护管理方便，生长抗逆性强。宅旁绿地区域分布着高密度管网，同时居民活动频繁，通常养护管理水平比中心游园等小区公共集中绿地要低。因此，植物应选择当地生长健壮、抗逆性较强、适宜粗放管理的优良树种，以减少后期养护管理成本。

居住小区宅旁绿地是居住小区绿地的重要组成部分，是最具个性的绿地。随着小区建设的日益发展及居民对环境要求的不断提高，住宅建筑的形式及宅旁绿地的空间组合也将更加多样。要合理地选择植物和采用相适宜的植物景观配置形式，创造生态环境良好的人居生活户外空间。

（2）道路绿化

道路绿化如同绿色的网络，将居住区各类绿化联系起来，是居民上班工作、日常生活的必经之地，对居住区的绿化面貌有着极大的影响，做好道路绿化有利于居住区的通风，改善小气候，减少交通噪声的影响；保护路面，以及美化街景，以少量的用地，增加居住区的绿化覆盖面积。道路绿化布置的方式，要结合道路横断面、所处位置、地上地下管线状况等进行综合考虑。居住区道路不仅是交通、居民上下班的通道，往往也是居民散步的场所。主要道路应绿树成荫，树木配植的方式、种类的选择应不同于城市街道，形成不同于市区街道的气氛，使乔木、灌木、绿篱、草地、花卉相结合，显得更为生动活泼，如图 3—3—4 所示。

物业居住区道路绿化树种应考虑以下要求：冠幅大、枝叶密、深根性、耐修剪，要有一定高度的分枝点，侧枝不影响过往车辆，并具有整齐美观的形象；落果要少，无飞毛、无毒、无刺、无味；发芽要早，落叶晚，并且落叶整齐，如银杏、槐树、合欢等；病虫害也要少。居住区组团级道路，一般以自行车和行人为主，绿化与建筑关系较为密切，绿化多采用开花灌木，如丁香、紫薇、木槿等。

图3—3—4　道路绿化

1）主干道旁的绿化。居住区主干道是联系各小区及居住区内外的主要道路，除了人行外，车辆交通比较频繁，行道树的栽植要考虑行人的遮阳与交通安全，在交叉口及转弯处要依照安全三角视距要素绿化，保证行车安全。主干道路面宽阔，选用体态雄伟、树冠宽阔的乔木，使主干道绿树成荫。在人行道和居住建筑之间可多行列植或丛植乔灌木，以起到防止尘埃和隔声的作用。行道树以馒头柳、桧柏和紫薇为主，以贴梗海棠、玫瑰、栀子花相辅。绿带内以开花繁密、花期长的半支莲等为地被。在道路拓宽处可布置些花台、山石小品，使街景花团锦簇，层次分明，富于变化，如图3—3—5所示。

图3—3—5　主干道绿化

2）次干道旁的绿化。如图3—3—6所示，居住小区道路，是联系各住宅组团之间的道路，是组织和联系小区各项绿地的纽带，对居住小区的绿化面貌有很大影响。次干道以人行为主，也常是居民散步之地，树木配置要活泼多样，根据居住建筑的布置、道路走向以及所处位置、周围环境等加以考虑。树种选择上可以多选小乔木及开花灌木，特别是一些开花繁密的树种、具有叶色变化的树种，如合欢、樱花、五角枫、红叶李、乌桕、栾树等。每条道路要选择不同树种、不同断面种植形式，使每条路各有个性，在一条路上以某一两种花木为主体，形成合欢路、樱花路、紫薇路、丁香路等。

图 3—3—6　次干道绿化

3）住宅小路的绿化。住宅小路是联系各住宅的道路，宽 2 米左右，供人行走，除草地外绿化布置时要适当距道路 0.5～1 米的距离，以便必要时急救车和搬运车驶近住宅。小路交叉口有时可适当放宽，与休息场地结合布置，也显得灵活多样，丰富道路景观。行列式住宅各条小路，从树种选择到配置方式采取多样化，形成不同景观，也便于识别家门。如北京南沙沟居住小区，形式相同的住宅建筑间小路，在平行的 11 条宅间小路上，分别栽植馒头柳、银杏、柿、元宝枫、核桃、油松、泡桐、香椿等树种，既有助于识别住宅，又丰富了住宅绿化的艺术面貌，如图 3—3—7 所示。

图 3—3—7　住宅小路绿化

（3）架空层绿化

架空层是建筑用词，顾名思义就是把建筑物用柱子架起来空的那一层，即建筑物深基础或坡地建筑吊脚架空部位不回填土石方形成的建筑空间。架空层这种建筑结构形式的优势是明显的，安全、隔潮、通风、因地制宜、体现特定的艺术风情是架空层对人类生活居住的贡献。

物业区域内架空层空间的充分利用，可以营造出以人为本的不同景观系列的休闲空间，为各年龄层次及爱好不同的小区居民提供丰富多彩的娱乐、晨练等活动场所。架空层功能分区可划分为：儿童活动区、成人健身区、棋牌活动区、休闲阅览区等。

1）架空层绿化作用。首先，把住宅底层作为架空层进行园林绿化，大大促进了空气流通，减少潮湿，美化景观；其次，居民可以拥有公共的街区和个人的私密空间，更享受了半公开空间的邻里场所；再次，架空层不仅增加居住区内部空间层次，同时又加强了住宅空间与层次空间的连续性，使人更贴近自然。

2）架空层绿化要点。架空层处在建筑底层或中间，由建筑的支柱形成各种相对独立的空间，易与园林景观相融合，是小区绿化的延伸。并且，底层的架空结构降低了楼房的直接占地面积，把房屋的大部分占地面积还原为共享的绿色空间占地面积，更好地利用了土地，保护了自然环境，提高了居住的整体性和完美性。

植物的配置对架空层景观的影响至关重要。架空层的面积一般较大，中间甚至终年得不到阳光的照射，而由于植物的生长需要阳光、土壤和空气，架空层绿化对植物负面影响最大的是光照。

在光照强度、光照时间与光质都不能满足植物生长的要求时，选择观叶、抗风及耐阴植物，如八角金盘、桃叶珊瑚、鱼尾葵等，并与一些仿真植物混搭。造园者可在架空层设置廊架、花池，修筑水池，与墙面、柱子结合，造景门、景窗，放置趣味性强的雕塑作品，配置多种园林植物，形成各种丰富多彩的特殊园林景观，使居民居住的舒适度及观赏度大为增加，如图 3—3—8 所示。

图 3—3—8　架空层绿化

2. 停车场绿化

居住区停车场绿化是指居住用地中配套建设的停车场用地内的绿化。停车场绿化除可以净化空气、阻挡沙尘、削弱噪声外，主要用于阻挡阳光暴晒车辆，但其绿化的设计造景要讲求美观，做到与周围环境的和谐统一。物业区域内的停车场按照停放位置，可以分为室内停车场和室外停车场。

（1）室外停车场绿化设计要点（见图 3—3—9）

图 3—3—9　停车场绿化

1）周界绿化。形成分隔带，减少视线干扰和居民的随意穿越。遮挡车辆的反光对居室内的影响。增加车辆的领域感，同时美化了周边环境。较密集排列种植灌木和乔木，乔木树干要求挺直；停车场周围也可围合装饰景墙，或种植攀缘植物进行垂直绿化。

2）车位间绿化。多条带状绿化种植产生陈列式韵律感，改变车场内的环境，并形成庇荫，避免阳光直射车辆。车位间绿化带由于受车辆尾气排放影响，不宜种植花卉。为满足车辆的停放和种植物保水要求，绿化带一般宽度为 1.5～2 米，乔木沿绿带排列，间距应不小于 2.5 米，以保证车辆在其间停放。

3）地面绿化及铺装。地面铺装和植草砖使场地色彩产生变化，减弱大面积硬质地面的生硬感。采用混凝土或塑料草砖铺地。种植耐碾压草种，选择满足碾压要求并具有透水功能的实心砌块铺装材料。

停车场种植的遮阳乔木可选择行道树种。其树木枝下高度应符合停车位净高度的规定：小型汽车为 2.5 米；中型汽车为 3.5 米；载货汽车为 4.5 米。

（2）室内停车场绿化

室内停车由于是在封闭的空间内，车库内空气流通性较差，而且常年没有光照，空气污染较为严重。室内停车场不宜进行过多的绿化，可以进行局部装饰，如在主要的主入口位置。在进行绿化设计的时候，要选择耐阴、抗污染较强的植物，可以采取盆栽吊篮的方式，在停车场内悬挂一些生命力较强的植物，比如吊兰、绿萝、仙人掌等。应注意植物的日常养护。

3. 公共建筑周围绿地的植物配置

物业居住区域内的公共建筑，包括学校、医院、会所、商业街、邮电局、托儿所等公共活动场所，公共建筑绿地的植物配置，要根据公共建筑物的不同功能与用途，必须考虑绿地的地形、绿地内其他设施的形式和分布情况、植物的特性和遮阳面积大小、人的活动范围和场地，以及人的活动和植物的交错共存问题等，进行相应的植物选择与搭配。

公共建筑周边绿地采用自然式的配置方式，紧靠建筑物的地方，宜配置一行国槐、银杏等树冠较小的乔木，以便和住宅建筑相分隔，保证居民的安静休息。外围至道路边可用黄杨球、桧柏球、红叶李等不同色调和形状的灌木疏密点缀，再铺以绿色草坪，使植物配置层次分明，增加绿化艺术效果。

公共建筑门前是人流集中、居民交往较频繁的地方。为了适应这种特点，植物配置可用不同色彩的树坛、花坛相结合的形式，坛内配置雪松、栾树、龙爪槐、金丝垂柳等遮阳树种，或用大叶黄杨、胶东卫茅球形成植物组合，配植月季、迎春、连翘、美人蕉、串红等开花灌木和宿根花卉，以活跃建筑物门前气氛，达到保护绿地和美化环境的目的。

4. 小区出入口植物配置

居住区出入口景观作为居住小区景观的重要组成部分，既是展示居住小区对外形象的窗口，又是城市街道中具有特色和吸引力的景观之一。居住小区出入口绿化不仅能够丰富和改善居住小区的整体环境，提高居住小区的生活环境质量，而且作为居住小区和城市街道的融合点，还能够美化街道和增加绿化效果。

5. 围墙周边植物配置

小区外围周边绿地是小区和周围环境相分隔的绿色屏障，起着隔声、防尘、防护和美化环境的作用。在设计植物配置时，首先要了解与小区相接的周围环境因素。一般居住小区总有一到两面与城市主干道相连。这种临街的周边绿地，不仅对居民的生活影响很大，而且对城市环境面貌有很大影响作用。在小区总体规划时，临街面一般都留有较宽的绿化地。

绿地在规划设计时，要与街道行道树绿化统一考虑。紧靠人行道一边，可配置一行国槐、雪松、银杏等乔木，和原来街道行道树相配合，形成一条幽静的绿色长廊。里层临街的一面如果是住宅群山墙，则可按自然式的布局形式，设计用木桂、紫叶李、棣棠等混交的绿化带。紧靠山墙可配置一行蜀桧等高绿篱遮挡形成两边高、中间低的防护隔离绿带。如果临街的一面是小区住宅的正面，则可按规则式小游园形式布局，花台、绿地相隔共间，设置园路、坐凳，便于居民散步、休息，花台可用一两年生草花，例如串红、黑心菊、鸡冠花、孔雀草等，以活跃临街绿地的气氛，美化街景，如图 3—3—10 所示。

图 3—3—10 围墙绿化

小区的一边面临江、河等水体，则可按滨河绿地的形式设计。河岸用垂柳、桃树或紫叶李相间配置，形成桃红柳绿的景观。临河设置一条碎石步行道，设置坐凳、桌椅，将露出地面全部用草皮铺装，使水体和绿带有机融合，给居民创造一个恬静、整洁、优美的环境。居住小区绿化的植物配置，最好使用大规格的灌木，做到当年绿化当年见效，充分发挥绿化投资的生态效益。

总之，居住区绿地应以现代园林自然式造园手法为主，充分发挥园林绿化植物的防尘、防风、隔音、降温、改善小气候的作用，利用植物材料改善环境的综合功能，力求通过植物的个性形体、色彩变换、季相转换来营造层次丰富、接近自然的植物景观。

三、室外环境绿化植物配置的原则

按照居住区室外环境绿化设计的总体构思，居住区绿化植物配置应遵循以下原则。

1. 考虑住宅楼的布局

宅旁绿地的面积和布置方式，受居住区内建筑布置方式、建筑密度、间距大小、建筑层数以及朝向等条件所影响。一般周边式布置的建筑之间，除道路外，常形成建筑前后狭长的绿化地带。行列式建筑能使住宅争取到较好的朝向，因此是当前采用较多的住宅区规划形式。按照这种住宅楼的布局形式，行列式地种植乔、灌木，虽能节省投资，但比较简单、呆板。近年来，很多物业化管理小区相继建成，小区内配置设施完备，并且预留了足够的绿化空间，对这种布局的住宅区多采用楼间组团绿化形式。

绿化设计者应根据小区内不同的设施，将绿地自然贯穿、配置在其中，使绿化配置得更自然、协调一些。此外，还有混合式布置的建筑及点状布置的建筑，其绿地布置也应与建筑布置相协调。一般来说，建筑密度小、间距大、层数高，则绿地面积大；反之，则绿地面积小。

2. 考虑住宅楼的采光

宅旁绿地应当尽量集中在向阳的一侧。因为住宅楼朝南一侧往往形成良好的小气候条件，光照条件好，有利于植物生长，可采用丰富的植物种类，但种植要注意不影响室内的通风和采光。种植乔木，不要与建筑距离太近，在窗口下也不要种植大灌木。住宅北侧日光不足，不利于植物生长，可将甬路、埋置管线布置在这里。绿化时，应采用耐阴植物种类。

另外，在东西两侧可种植高大乔木遮挡夏日的骄阳，在西北侧可种植高大乔木以阻挡冬季的寒风。科学实验证明，乔木周围温度冬高夏低，比较稳定，所以，宅间绿化不管采用何种方式，都要以乔木为主。对于那些有电线、电话线、热力和煤气管道通过，不适合种乔木的地方，为了减少尘土，调节温度，要设计种植草坪。如果住宅区靠近有空气污染的工厂或噪声很大的街道、车站、码头，则必须设置一定宽度的绿化带，根据不同的危害程度，设置防护林带的宽度。

3. 空间合理配置

住宅区在绿化时，不能全部种满树木，应该预留出足够的地方设置必要的器械、设施供成人、儿童休息和娱乐。凡是设有座椅等供人休息的地方，都应种植遮阳的大乔木。对于早期建成的小区，可能在绿化用地的布局上不合理或预留绿化用地不足，在小区改造过程中，水平拓展绿地的可能性不大，这时应考虑采用爬藤植物对住宅楼、围墙等进行垂直绿化。

居住区的规划设计必须以改善提高人的生态环境、生命质量为出发点和目标，绿化布局的层次、风格和建筑要互相辉映，注重不同植物各方面的相互补充融合。在植物搭配上要体现出季节的变化，在不同季节、不同地方都应该有绿地空间，做到春有花，夏有荫，秋有果，冬有绿，落叶乔木、常青灌木、常绿草坪高低参差，交相辉映，注重发挥绿化在整个居住区生态中的深层次作用。

四、室外环境植物景观配植方式和注意事项

1. 室外环境植物景观配植方式

室外环境植物景观配植就是从植物要素特征（颜色、大小、质地、形态等）出发，

利用一定的组织编排手法（重复、对比、对称、变化等），将其组合成与自然或人造硬质环境相融，具有一定美感，满足一定功能的整体植物景观画面。这幅画面是随时间与空间动态变换的，主要有孤植、对植、列植、丛植和群植等。

（1）孤植

孤植主要显示树木的个体美，常作为环境空间的主景。对孤植树木的要求是：姿态优美，色彩鲜明，体型略大，寿命长而有特色。周围配置其他树木，应保持合适的观赏距离。在珍贵的古树名木周围，不可栽植其他乔木和灌木，以保持它的独特风姿。用于遮阳的孤植树木，要求树冠宽大，枝叶浓密，叶片大，病虫害少，以圆球形、伞形树冠为好。

（2）对植

对植即对称地种植大致相等数量的树木，多应用于园门，建筑物入口，广场或桥头的两旁。在自然式种植中，则不要求绝对对称，对植时也应保持形态的均衡。

（3）列植

列植也称带植，是成行成带栽植树木，多应用于道路的两旁，或规则式广场的周围。如用作园林小品景物的背景或隔离措施。一般宜密植，形成树屏。

（4）丛植

丛植三株以上不同树种的组合，是物业室外环境中普遍应用的方式，可用作主景或配景，也可用作背景或隔离措施。配置宜自然，符合艺术构图规律，务求既能表现植物的群体美，也能表现出树种的个体美。

（5）群植

相同树种的群体组合，树木的数量较多，以表现群体美为主，具有“成林”之趣。

2. 植物配植注意事项

（1）因地制宜，科学设计，适地适生

根据立地条件，结合植物材料的自身特点和对环境要求来安排，使各种植物都能生长并生长得好。不能盲目引进推广外地植物，而应注重开发和应用乡土植物。近来广场色块风、木兰科植物风等，一定程度上违背自然规律，应谨慎对待。

（2）重视植物多样性

植物配置注意乔、灌、草等结合，形成植物群落可增加稳定性，也有利于珍稀植物的保存。植物配置应遵循美学原理，重视物业环境的景观功能。利用孤植、列植、对植、群植、混植等多种方式，合理搭配。

（3）注意不同园林植物形态和色彩的合理搭配

园林植物的配置应根据地形地貌配植不同形态色彩的植物，而且相互之间不能造成视角上的抵触，也不能与其他建筑在视角上相抵触。

思考与练习

1. 物业室外环境绿化设计要点有哪些?
2. 物业室外环境绿化包括哪些区域?
3. 在住宅区进行植物配置应重点考虑哪些方面?
4. 停车场绿化布置时应考虑哪些问题?
5. 室外环境绿化植物配置的原则有哪些?
6. 植物景观配植方式有哪几种，各具有什么特点?

第4节　物业室内环境绿化管理

物业室内环境绿化可以增加室内的自然气氛，是室内装饰美化的重要手段。通过室内环境绿化，可以陶冶人的情操和审美情趣，有益于身心健康，还可以带给业主、客户和员工舒适、清新的工作环境。

一、物业室内环境绿化的概念及功能

1. 物业室内环境绿化的概念

物业室内环境绿化主要指的是在建筑区域内（写字楼、商场、小区大堂、会议室、公共走廊及居室内等处）种植和摆放观赏性植物。由于室内空间是有限的，如何使室内空间布局合理，绿色植物起到了至关重要的作用，如图3—4—1所示。

2. 物业室内环境绿化的功能

室内植物景观的合理设计以及布局，能给人在生活、工作上创造一个宁静、优美的环境。在室内绿化装饰中，植物能起到组织空间、调整空间布局、丰富室内空间层次等功能。

（1）生态保健功能

绿色植物能改善室内环境质量，增加空气中的含氧量，提高空气湿度和负离子浓度，降低噪声，减少空气的飘尘量，吸收有害气体和杀灭细菌。如棕榈、吊兰可吸收二

图 3—4—1 室内环境绿化

氧化碳、甲醛等有害气体；樟树、仙人掌类植物能分泌杀菌素，杀灭病菌。此外，绿色植物可以陶冶情操，调节心理，愉悦心情。心理学家发现，花卉中的紫罗兰、水仙花可使人情感平和，茉莉花、月季、百合、丁香花可使人安静、轻松。

（2）承接、分隔、充实空间

在绿化装饰设计中，为了从室外到室内形成自然的过渡，可采用如下手法：在建筑入口设置盆栽，在门廊的顶部或墙面上做悬吊绿化，在门厅内做绿化装饰等。还可以采用借景的办法，通过玻璃窗，使室内、室外的绿化景色互相渗透、融合、联系起来。

室内绿色植物通过适当的组合和处理，可以起到引导空间、限定空间、沟通空间的作用。如走廊内呈线状布置的棕榈可以有效地引导人们进入下一个空间；商场中高大的散座葵、榕树可以将休息区和商业区分隔开来，既能保证一定空间独立性，又不破坏整体空间的开阔，在一片喧嚣中营造出一片安静祥和的氛围。因此，不论从生态的角度、保健的角度，还是从审美的角度来讲，绿色对于人们的生存与生活都是不可或缺的。

在一些空间比较大的场所，如现代家居中的客厅，就可以利用植物对空间加以限定和分隔，可使原本功能单一的空间具有不同的功能，提高空间的利用率。可采用盆花、花池、绿色屏风、绿色垂帘等方法进行分隔。利用绿色植物分隔空间可以达到像家具、色彩、灯光同样的作用。

（3）提示、引导作用

通过绿化布置，具有观赏性的植物吸引了人们的注意力，对活动方向起到暗示与指导的作用，是无声的“指示牌”。例如，在建筑物的出入口、不同功能区的过渡处、走廊楼梯的转折处、台阶坡道的起止点，恰当地摆放植物可起到提示的作用。若用盆栽植物或吊盆植物采用线性的布置方式，也可形成“绿色通道”，引导人流走向。

（4）处理空间死角

在室内装饰布置中，常常会遇到一些死角不好处理，利用植物装点往往会收到意想不到的效果。如在楼梯下部、墙角、家具的转角或上方、窗台或窗框周围等处，用植物加以装饰，可使这些空间变得焕然一新。

二、室内绿化的主要类型

室内绿化装饰方式除要根据植物材料的形态、大小、色彩及生态习性外，还要依据室内空间的大小、光线的强弱和季节变化，以及气氛而定。其装饰方法和形式多样，主要有陈列式、攀附式、悬垂吊挂式、壁挂式、栽植式及迷你型观叶植物绿化装饰等。

1. 陈列式绿化装饰

陈列式是室内绿化装饰最普通和最常用的装饰方式，包括点式、线式和片式三种。其中以点式最为常见，即将盆栽植物置于桌面、柜角、窗台及墙角，或在室内高空悬挂，构成绿色视点。线式和片式是将一组盆栽植物摆放成一条线或组织成自由式、规则式的片状图形，起到组织室内空间、区分室内不同用途场所的作用，或与家具结合，起到划分范围的作用。几盆或几十盆组成的片状摆放，可形成一个花坛，产生群体效应，同时可突出中心植物主题。

2. 攀附式绿化装饰

室内某些区域需要分割时，采用攀附式植物隔离，或带某种条形或图案花纹的栅栏，在种植时，要考虑攀附植物与攀附材料在形状、色彩等方面要协调，以使室内空间分割合理、协调而且实用。

3. 悬垂吊挂式绿化装饰

在室内较大的空间内，结合天花板、灯具、家具等，在窗前、墙角、家具旁吊放有一定体量的阴生悬垂植物，可改善室内人工建筑的生硬线条造成的枯燥单调感，营造生动活泼的空间立体美感，且“占天不占地”，可充分利用空间。这种装饰或使用金属用具，或塑料吊盆，使之与室内装饰材料有机结合，以取得意想不到的装饰效果。

4. 壁挂式绿化装饰

室内墙壁的美化绿化，也深受人们的欢迎。壁挂式有挂壁悬垂法、挂壁摆设法、嵌壁法和开窗法。预先在走廊墙上设置局部凹凸不平的墙面和壁洞，供放置盆栽植物；或在靠墙地面放置花盆，或砌种植槽，然后种上攀附植物，使其沿墙面生长，形成室内局部绿色的空间；或在墙壁上设立支架，在不占用地面的情况放置花盆，以丰富空间。采用这种装饰方法时，应主要考虑植物姿态和色彩。以悬垂攀附植物最为常用，其他类型植物也常使用。

5. 栽植式绿化装饰

这种装饰方法多用于室内花园及室内大厅堂有充分空间的场所。栽植时，多采用自然式，即平面聚散相依、疏密有致，并使乔灌木及草本植物和地被植物组成层次，注重姿态、色彩的协调搭配，适当注意采用室内观叶植物的色彩来丰富景观画面；同时考虑与山石、水景组合成景，模拟大自然的景观，给人以回归大自然的美感。

6. 迷你型观叶植物绿化装饰

这种装饰方式在欧美、日本等地极为盛行。其基本形态源自插花手法，将迷你型观叶植物配植在不同容器内，摆置或悬吊在室内适宜的场所，或作为礼品赠送他人。这种装饰方法最主要的目的是要达到功能性的绿化与美化，也就是说，在布置时，要考虑室内观叶植物如何与生活空间内的环境、家具、日常用品等相搭配，使装饰植物与环境、生态等因素高度统一。其应用方式主要有迷你吊钵、迷你花房、迷你庭园等。

（1）迷你吊钵

将小型的蔓性或悬垂观叶植物做悬垂吊挂式装饰。这种应用方式观赏价值高，即使是在狭小空间或缺乏种植场所时仍可被有效利用。

（2）迷你花房

在透明有盖子或瓶口小的玻璃器皿内种植室内观叶植物。它所使用的玻璃容器形状繁多，如广口瓶、圆锥形瓶、鼓形瓶等。由于此类容器一般瓶口小或加盖，水分不易蒸发而散逸，在瓶内可被循环使用，所以应选用耐湿的室内观叶植物。迷你花房一般是多品种混种。在选配植物时应尽可能选择特性相似的配植在一起，这样更能取得一种和谐的境界效果。

（3）迷你庭园

迷你庭园指的是将植物配植在平底水盘容器内的装饰方法。其所使用的容器不局限于陶制品，木制品亦可，但使用时应在底部先垫塑料布。这种装饰方式除了按照插花方式选定高、中、低植株形态，并考虑根系具有相似性外，叶形、叶色的选择也很重要。同时，这种装饰最好有其他装饰物（如岩石、枯木、民俗品、陶制玩具或动物等）来衬托，以提高其艺术价值。若为儿童房间，可添置儿童所喜欢的装饰物；年轻人的房间则选用新潮或有趣的物品装饰。总之，可依年龄的不同做不同的选择。

三、室内绿化植物的配置与设计

室内绿化可与室外绿化相互渗透，如利用窗台进行攀缘绿化或摆设盆景。室内绿化的形式很多，如在书架上摆设盆花盆景；以透空隔扇栽种攀缘植物，来分隔空间；以垂吊植物装饰墙面或顶棚等。室内绿化，不仅可以种植树木和花草，还可以设置山石、水池、喷泉及其他园林建筑小品，构建一种具有园林感觉的意境。以住宅为例，下面介绍一下常见的绿化形式。

1. 门厅

门厅是居室的入口处，包括走廊过道等。门厅是进入客厅的过渡空间，它的主要功能是组织人流的过渡和集散，大多光线较暗淡。此处的绿化装饰大多选择体态规整或攀附为柱状的植物，如巴西铁、一叶兰、黄金葛等；也常选用吊兰、蕨类植物等，采用吊挂的形式，这样既可节省空间，又能活泼空间气氛。总之，该处绿化装饰选配的植物以叶形纤细、枝茎柔软为宜，以缓和空间视线。

2. 客厅

客厅是日常起居的主要场所，是家庭活动的中心，也是接待宾客的主要场所，所以它具有多种功能，是整个居室绿化装饰的重点。客厅装饰在某种意义上能显示主人的身份、地位和情趣爱好，客厅绿化装饰要体现盛情好客和美满欢快的气氛。一般来讲，不论空间大小，都要体现一种轻松、雅致、充满生机和活力的空间效果，植物选择要丰富多样，栽培形式上也要多样。

客厅里摆放的植物宜株形端庄、舒展，以暖色为主。要求气派豪华的，可选用叶片较大、株形较高大的马拉巴栗、巴西铁、绿巨人等为主的植物，也可选用藤本植物，如散尾葵、垂枝榕、黄金葛、绿宝石等为主景；要求典雅古朴的，可选择树桩盆景做主景。但无论以何种植物为主景，都须在茶几、花架、临近沙发的窗框等处配上一小盆色彩艳丽、小巧玲珑的观叶植物，如观赏凤梨、孔雀竹芋、观音莲等；必要时还可在几案上配上鲜花或应时花卉。这样组合既突出客厅布局主题，又可使室内四季常青，充满生机，如图 3—4—2 所示。

图 3—4—2　客厅绿化

3. 卧室

卧室是用来休息、睡眠的地方，宜营造幽美宁静的氛围。绿化布置时要体现温馨、安静。所用植物，色彩以清丽、淡雅柔和为主调，而且应选用低耗氧、无毒无味、有清香、可吸收二氧化碳的植物，如茉莉、夜来香、吊兰、君子兰、巴西铁等。儿童卧室应选择一些色彩丰富、形态特别的植物，如变叶木、三色堇、龟背竹、春芋、彩叶草等。老人卧室则应选择一些枝繁叶茂、四季常青的植物，如万年青、兰花等。为了安全起见，儿童、老人卧室中植物布置以落地式为主，少用吊挂式。

应该通过植物装饰营造一个能够舒缓神经、解除疲劳、使人松弛的气氛。同时，由于卧室家具较多，空间显得拥挤，所以植物的选用以小型、淡绿色为佳。配套的盆景也不宜色彩鲜艳、造型奇特。可在案头、几架上摆放文竹、龟背竹、蕨类等。如果空间许可，也可在地面摆上造型规整的植物，如心叶喜林芋、巴西铁、伞树等。

4. 书房

书房是用来阅读、学习、写作的地方。书房绿化装饰宜明净、清新、雅致，从而创造一清静、幽雅的环境，使人入室后就感到宁静、安谧，从而专心致志。植物配置不宜过于鲜艳，体型也不可过大，造型要简单，一般多用一些中小型、冷色调的植物。

一般可在写字台上摆设一盆轻盈秀雅的文竹或网纹草、合果芋等绿色植物，以调节视力，缓和疲劳；可选择株形披纷下垂的悬垂植物，如黄金葛、心叶喜林芋、常春藤、吊竹梅等，挂于墙角，或自书柜顶端飘然而下；也可选择一适宜位置摆上一盆攀附型植物，如琴叶喜林芋、黄金葛、杏叶喜林芋等，犹如盘龙腾空，给人以积极向上、振作奋斗之激情。

5. 餐厅

餐厅是家人或宾客用膳或聚会的场所，装饰时应以甜美、洁净为主题，植物配置上应以暖色调为主，而且色彩对比要强烈。同时充分考虑节约面积，以立体装饰为主，原则上是所选植物株型要小。如在多层的花架上陈列几个小巧玲珑、碧绿青翠的室内观叶植物（如观赏凤梨、豆瓣绿、龟背竹、百合草、孔雀竹芋、文竹、冷水花等），也可在墙角摆设一体态清楚的室内观叶植物（如黄金葛、马拉巴栗、荷兰铁等）。这样，可使人精神振奋，增加食欲。

6. 卫生间

卫生间一般是和浴室合一的，相对其他空间而言，光照弱，湿度大，故植物配置时应选用耐阴、耐湿的种类，如蕨类植物、旱伞草、丽花景天、水仙、仙客来等。

7. 阳台

阳台植物一般以观赏为主。阳台除植物外其他装饰很少，相对而言，绿化的空间相对较大、相对集中。一般以片状布局为主，多平面摆放，可以摆放的植物品种多样。配置时按植物高低、大小错落有致摆放。

喜光、耐旱的植物放在阳台上部，如仙人掌类植物、彩叶类植物；耐阴的植物放在阳台下面，如万年青、一叶兰等；体形高大的植物放到后面、边角做背景，中型的植物放中间，较矮的、垂叶型的植物放到前面。此外，也有用博古架摆放植物的。选用的植物体积不宜大，要小巧玲珑，叶片要多而鲜艳；上部可悬挂观叶或观花类植物，如吊兰、吊金钱、常青藤等；中下部放蕨类植物、万年青、盆景类植物。

8. 厨房

厨房环境应考虑清洁卫生。植物植株也应清洁，无病虫害，无异味。厨房因易产生油烟，摆放的植物还应有较好的抗污染能力，如芦荟、水塔花、肾蕨等。若选择蔬菜、水果材料做成插花，既与厨房环境相协调，亦别具情趣。

四、不同物业类型的室内绿化

1. 商业物业绿化

同住宅物业相比，商业物业（楼宇）因其着重商业综合使用功能及建筑空间方面的限制，物业区域内可绿化区域面积较小，加上室内阳光照射不充分，因此给绿化工作带来困难。为较好解决这一问题，应充分利用有限场地，采取水平绿化与垂直绿化相结合的方法，在拥挤的有限空间里营造绿意的环境。

（1）商业物业绿化要点

由于环境混杂，商业物业的植物只要能起到一定的点缀效果即可，通常没有很高的要求。植物选择要尽量考虑能吸收有害气体，净化空气，要考虑商场内光照、通风不好的特点，选择对光照和通风要求不高的植物。由于人流量大，要尽量选择不易被摩擦碰撞损伤的植物，也不要选择坚硬扎人和花粉多的植物。

1）商业物业的绿化配置主要以室内绿化为着眼点，一般属花卉租摆范畴，对花卉的质量要求相对较高。花卉在摆放期间应表现出良好的生长状态，防止出现乱叶、黄叶、虫害、痿蔫、老化、不规整等生长不良的情况。

2）商业物业室内的亮度主要由日光灯补偿，光线较柔和，因此在品种选择上以观赏叶片花卉为主，叶片质地应类似革质，光亮无毛，颜色纯正。在养护中应及时清洁叶片，去除灰尘，以保持叶片光亮，必要时可喷施少量光亮剂。

3）商业物业花卉的选择应注意避免选用姿态臃肿的花卉，主要突出线条美和层次美。同时要避开有异味、有毛、有毒的植物。花木摆放讲究艺术，品种配置与摆放位置要适当，风格统一协调，构图合理美观。

4）因室内光照度有限，不宜摆放较高大的植物，注重环境配置的商家往往采用人造花搭配部分真花，并在透视的焦点部位人为加上背景以烘托气氛。

（2）商业物业常用的绿化植物

1）中大型植物。例如，绿萝、散尾葵、国王椰子、棕竹、夏威夷椰子、心叶藤、富贵竹笼、橡皮树等。

2）小型植物。例如，黄金葛、吊兰、常春藤、银边铁、金边铁、万年青、白掌、袖珍椰子、金琥、银皇后、虎皮兰等。

2. 写字楼绿化

（1）写字楼特点

写字楼办公环境的温度通常白天保持在25℃左右，夜晚温度也在15℃左右，昼夜温差较小，温度环境适宜植物生长。室内通风条件通常不太好，空气质量一般。除靠窗的位置外，光照条件较差，灯光是主要光照来源。空间比较拥挤，通常没有专门的绿化空间，摆放花卉要见缝插针。计算机多，显示器的辐射比较严重。

（2）写字楼绿化要点

在植物选择上首先要考虑能吸收有害气体，吸收辐射，净化空气，如小绿萝、金琥等。室内花卉要考虑办公室光照、通风不好的特点，选择对光照和通风要求不高的室内花卉。尽量利用有限的空间，在墙角、办公桌上等处寻找空间进行立体绿化。前台、总裁办公室等处要注意绿化档次，提升公司整体形象，如图3—4—3所示。

图3—4—3 写字楼大堂绿化

（3）写字楼绿化常用的植物

室内花卉通常包括：观叶植物（其中有大型、中型和小型的绿色植物、攀缘植物和悬垂植物）、观花植物、应时盆花（只有开花时才搬至室内观赏）、观果植物、仙人掌及多浆多肉植物。

1）大盆植物。例如，发财树、金钱树、滴水观音、福禄桐、绿萝、绿宝石、青平果、榕西铁、巴西铁、荷兰铁、散尾葵、鱼尾葵、大叶伞、棕竹、夏威夷竹、富贵树、春羽、南洋杉、百合竹、富贵竹笼等。

2）中盆植物。例如，也门铁、橡皮树、白雪公主、高虎皮兰、中绿萝、绿巨人、绿霸王、变叶木等。

3）小盆植物。例如，小绿萝、吊兰、豆斑绿、太阳神、一帆风顺、富贵竹、迷你发财树、仙人球、常春藤、银边铁、金边铁、开心果、玛丽安、万年青、白掌、文竹、袖珍椰子、金琥、芦荟、黑美人、银皇后、虎皮兰、孔雀竹、小型水培植物等。

思考与练习

1. 室内环境绿化有哪些功能？
2. 室内绿化的主要类型有哪些？
3. 客厅绿化应注意哪些事项？常用于客厅绿化的有哪些植物？
4. 商业物业在进行绿化时应重点考虑哪些问题？
5. 写字楼常用的绿化植物有哪些？

第5节　物业环境绿化植物养护管理

日常养护工作是物业环境绿化管理最基本的工作，也是维护绿化优美景观，使植物正常生长发育的基本保证之一。俗话说“三分种，七分养”，就是强调绿化养护工作的重要性。

一、物业环境绿化养护的重点

物业区域内植物种类繁多，有不同的生长特性，对环境条件的要求也不一样。植物的生长离不开一定的水分、营养、光照、土壤、温度等，绿化养护管理需要注意以下几个方面。

1. 水分

任何生物都需要水，植物同样需要水，但不同种类的植物对水分的要求不同，同种植物不同时间、不同季节对水分要求也不同，不同植物对水分的亏缺反应不同，即不同植物对干旱的忍耐能力或适应性有差异。植物的需水特性主要受遗传决定；由吸收水分的能力和对水分消耗量的多少两方面来支配。一般室内观赏植物需水量不大，如果浇太多水就会烂根；一般种植用苗需要较多水，每次都要浇透。

2. 营养

营养是植物生长的必需条件之一，营养元素包括碳、氢、氧、氮、磷、钾、硫、锰、锌、铜等元素，一般土壤和自然界可以提供，但植物对氮、磷、钾三种元素需求量较大，土壤和自然界提供不足，所以出现氮肥、磷肥、钾肥，氮肥主要提供营养生长，磷肥、钾肥主要提供生殖生长。一般开花植物需肥量较大，需要勤施肥多施肥，这样花朵长得才又大又好看，花期才长。不同种类的植物或同种植物不同时期需肥量和种类都不同。

3. 光照

太阳光是植物进行光合作用的能量来源，植物的光合作用只有在有光的时候才能进行，光照对绿色植物的生长、繁殖也很重要。日照长度首先影响植物花芽分化、开花、结实；其次还影响到分枝习性、叶片发育，甚至影响到地下储藏器官如块茎、块根、球茎、鳞茎等的形成以及花青素等的合成。植物按对光照强度要求可分为：喜光性植物、中性植物、阴生植物。按对光照长短要求可分为：长日照植物、短日照植物、中性植物。

4. 土壤

土壤是植物生长的基础，土壤为植物提供了各种营养元素，是植物生长的载体，如果土壤缺少某种元素，植物就会呈现出不同症状，应考虑施微量元素。土壤的酸碱性也直接影响植物的生长，一般植物都喜欢中性土壤，如果土壤的酸碱性不适合植物的生长，应设法改变土壤 pH 值，石灰粉和稀盐酸都是改变土壤 pH 值的良好药剂。

5. 温度

温度是影响植物生长的重要因素，对于常见的植物，其适合的温度是 3～36℃，植物本身有一定的适应温度变化的能力，过高或过低都会对植物的生长产生一定的影响。如凤凰木在热带非洲原产地花期较长，且先叶开放，而到广州却是先叶后花，且花期明显减短甚至不开花。突变温对植物的影响很大：喜阴植物在夏天太阳的灼烧下，受到高温危害；气温低于植物的生理最低温度时受到寒害的伤害；当气温降至 0℃以前，空气中过饱和的水汽在植物体表面凝结成霜，造成霜害；在入冬前加强对不耐寒的植物防寒养护措施防止冻害（零度以下）。

二、物业环境绿化日常保养工作

1. 水分管理

植物的种类不同，浇水量亦不同。蕨类植物、兰科植物、秋海棠类植物生长期要求丰富的水分；多浆类植物要求水分较少。每一种植物又有不同的需水量，同为蕨类植物，肾蕨在光线不强的室内，保持土壤湿润即可；而铁线蕨，为满足其对丰富水分的要求，常将花盆置于水盘或栽植于小型喷泉旁。水分管理如图3—5—1所示。

图3—5—1　植物浇水

同一种植物在不同生长时期对水分的需求不同。当花木进入休眠期时，浇水量应减少或停止。从休眠期进入生长期，浇水量逐渐增加。生长旺期，浇水量要充足。开花前浇水量应予适当控制，盛花期适当增多，结实期又需要适当减少浇水量。

（1）最佳浇水时间

以华北为例，春季干旱，水分蒸发量是降水量的十几倍，春夏之交的干热风和漫长的干冷冬季，空气湿度只有40%～50%，加之春夏气温高，光照强烈，需给植物充足水分。植物最忌炎热的夏季中午浇水，因为此时土壤温度高，与水温的温差大，若此时浇水会使土壤温度骤然降低，植物根部受低温刺激，就会立即阻碍水分的正常吸收。所以炎热的夏季应在早晨或傍晚浇水。冬季气温低，阳光较弱，需水较少。在无冻土的地带，露地栽培的花木冬季浇水应在中午前后，最好在上午10时至11时。切忌早晨浇水，避免因温度过低引起冻害。冬季，在土壤冻结前，应给花木浇足“冻水”，以保持土壤的墒情。在早春土壤解冻之初，还应及时浇足“返青水”，以促使花木的萌动。

（2）合理确定浇水次数

浇水次数应根据季节变化，视土壤干湿程度而定。喜湿植物浇水次数要勤，始终保持土壤湿润；旱生植物浇水次数要少，每次浇水间隔期可间隔数日；中生植物浇水要“见干见湿”，土壤干燥就浇透。喜湿的园林植物，如柳树、泡桐、水杉、池杉等植物应少量多次灌溉；而白蜡、五针松、油松等幼苗比较耐旱，灌水次数可适当减少。

（3）浇水注意事项

植物在不同季节中，对水分的要求差异很大。一般情况下，华北地区 3 月底至 6 月底为干旱季节，蒸发量大，植物生长快，需水量多，应适当勤浇、多浇，一般一周或三四天浇一次；雨季（华北地区 6 月底到 8 月底）虽然高温，但降水多，不必浇太勤；秋季植物进入生长后期，需水量低，可适当少浇水。

浇水量要适宜。多数花木在干旱时，植株各部分木质化程度增加，叶面粗糙、失去光泽。相反，水分过多时，植株呈现的情况似干旱，这是由于水分过多使一部分根系遭受损伤，同时由于土壤中缺乏空气，使根系正常的生理活动受到抑制，影响水分、养分的吸收，严重时会使根系窒息死亡。另外，水分过多会使叶色发黄，植株徒长，易倒伏，易受病菌的侵害。因此，过干、过湿对植株的生长均不利。对于新栽或新换盆的花木，第一次浇水应浇透，一般应浇两次，第一遍渗下去后，再浇一遍。用干的细腐叶土或泥炭土盆栽时，这种土不易浇透，有时需要浇多遍才行。碰到这种情况，最好先将土稍拌湿，放一两天再盆栽。

注意叶面喷水。植物生长发育所需要的水分都是从土壤和空气中汲取的，其中主要是从土壤中汲取的，同时也需要一定的空气湿度，所以不可忽视叶面喷水。向植物叶面喷水可以增加空气的湿度，降低温度，冲洗掉植物叶片上的尘土，有利于植物的光合作用。一般我们只注重给花木浇水，却往往忽视花木叶片在进行光合作用和呼吸作用时也需要水分。除了通过直接向土壤浇水外，还应通过喷水保持空气的湿度，以满足花木对水分的需求。

在干旱的高温季节，应增加喷水的次数，保持空气的湿度。特别是对喜湿润环境的花木，如山茶、杜鹃、玉兰、栀子等，即使正常的天气，也要经常向叶面喷水，空气湿度在 60％以上才能正常发育。如四季秋海棠、大岩桐等一些苗很小的花卉，必须用细孔喷壶喷水，或用盆浸法来湿润。许多花木叶面不能积水，否则易引起叶片腐烂。如大岩桐、荷包花、非洲紫罗兰、蟆叶秋海棠等，叶面有密集的茸毛，不宜对叶面喷水，尤其不应在傍晚喷水。有些花木的花芽和嫩叶不耐水湿，如仙客来的花芽、非洲菊的叶芽，遇水湿太久容易腐烂。墨兰、建兰叶片常发生炭疽病，感染后叶片损伤严重，发现病害时，应停止叶面喷水。

2. 枯枝、落叶及落花的清理

物业环境绿化中的枯枝、落叶及落花，是影响物业环境、植株生长的因素之一，也是不少园林绿化植物病虫害的寄主。物业环境管理人员要及时进行巡查、及时清理和消杀，保证植物根部的清洁和卫生，防止病虫害滋生。

对于一些观果类的植物，比如柠檬、五代同堂等植物，在植株果实掉落的时候，要及时进行清理；对于绿地中一些非观果植物的籽，要及时清理，如月季花、山茶花、牵牛花等；对于植物中开完花后不再开新花的花卉，要及时将植株进行修剪，比如玫瑰花、月季花、山茶花和美人蕉等，防止植株腐烂；对于植物生长过密的，容易影响植株根部吸收养分的，要及时清理枯枝，比如三角梅、棕榈类（大王椰子、橡皮树）等。

植物的枯枝、落叶及落花，不仅是病虫害的寄主，而且在一些季节性气候下，还会隐藏着危险，比如在冬季容易引发火灾，在台风天枯枝容易掉落，砸伤路人。为了保证物业区域环境的安全和整洁，应该每天及时清除绿地内的绿化枯枝黄叶，对植株进行及时的修剪。

3. 松土和除草

松土除草是苗木抚育管理全过程中极为重要的工作，其耗工量占全部抚育管理量的60%～70%。搞好这方面的工作，能为园林绿化的生长创造良好的环境条件。松土和除草是两项工作，可结合进行，也可单独进行。

（1）松土

松土又称中耕。松土能减少土壤水分蒸发，改良土壤通气状况，促进土壤微生物的活动，提高土壤肥力。中耕必须在除草之后或杂草极少的条件下进行，否则虽已中耕，但草害不能消除。中耕能疏松土壤，增加土壤孔隙度和土中氧气，满足根系呼吸作用之需；在低温时期有利于土壤的热能传递，可提早种子萌发；在高温时期，有利于切断土壤表层毛细管，减少水分蒸发，具有保墒作用；能促进土壤中有机物分解，利于根系吸收。夏、秋两季雨水较多，由于雨滴及地表径流冲刷，土壤表层易于板结，松土能防止土壤板结，也有利于土壤水分蒸发散失，使不至于过多积水。

松土的深度应根据树种、苗木大小和土壤条件不同而定。在苗木松土时不要损伤苗根，松土深度随苗木的生长而异。苗木生长初期，根系分布浅，松土深度可浅些；以后随着苗根的不断增长，松土的深度可适当加深。松土可保蓄苗木土壤水分和提高其土壤肥力。苗小，初期宜浅，3～5 厘米即可；苗大，土壤较黏重，宜深 5～20 厘米，个别可达 40 多厘米。要里浅外深，不能损伤苗根。有冻拔害的地区，为防冻拔应以除草为主，松土宜浅。

（2）除草

除草可减少土壤水分和养分的消耗，减少病虫害，增进风景效果。春季干旱，为了保墒可以进行松土；到秋初，土壤水分条件好，杂草生长快，可进行除草。大多数情况是松土除草结合进行。

除草要做到及时彻底，掌握除早、除小、除了的原则，同时防止结籽扩散。如杂草和苗木挤在一起，只能用手细致地拔除，不要带起周围的苗根。对多年生宿根杂草应把根系全部挖出，否则地下部分仍能萌发，难以全部消除。一般自春季开始，每降一次大雨就有一批杂草发芽，待杂草出齐，趁根系较小及时除草松土，这就是所谓的除早、除小、除了，因为草小根浅，只要将土壤翻动，就会把大部分杂草除掉。除草的同时，应结合进行扶苗、除蔓等，对穴外影响幼苗生长的高密度杂草灌木，也要及时割除，连续进行 3～5 年，每年 1～3 次，具体要看杂草和树木的生长情况而定。如果树木抗杂草的能力强，生长快，可以早结束；相反，树木生长缓慢，抗杂草的能力弱，抚育年限应延长，以保证树木及时郁闭。除草的方法主要有人工中耕锄草和化学药剂除草，见表 3—5—1。

表 3—5—1　　除草的方法

方法	说明
人工中耕除草	人工中耕除草是传统的除草方法，生长在作物田间的杂草通过人工中耕和机械中耕可及时防除杂草。中耕除草针对性强，干净彻底，技术简单，不但可以防除杂草，而且给作物提供了良好生长条件。在作物生长的整个过程中，根据需要可进行多次中耕除草，除草时要抓住有利时机除早、除小、除彻底，不得留下小草，以免引起后患。人工中耕除草目标明确，操作方便，不留机械行走的位置，除草效果好，不但可以除掉行间杂草，而且可以除掉植株间的杂草，但方法比较落后，工作效率低
化学药剂除草	即用化学除草剂来除灭杂草。用药剂除草，可以达到除草的目的，但容易造成地面光秃，不能增加土壤有机质含量，也不能改善水分供应状况，如果草荒严重，树木面积大，应用化学除草是行之有效的方法。应用化学药剂除草，可以省工和迅速消灭杂草。生产上常用的除草剂有草甘膦、氟乐灵、百草敌、西玛津、五氯酚钠、敌草隆、利谷隆、克芜踪、茅草枯等，可根据杂草的种类和除草时间选用

松土除草要认真细致，做到不伤根，不伤皮，不伤梢，杂草除净，土块、石块拣净，并给树木根部适当培土。松土除草的深度，应根据树木生长情况和土壤条件而定。幼树根系分布浅，松土不宜太深，随着树木的生长，可逐渐加深；土壤质地黏重、表土板结时，可适当深松。要做到里浅外深；树小浅松，树大深松；沙土浅松，黏土深松；土湿浅松，土干深松。松土除草的次数以每年进行 1～3 次为宜。

4. 绿化保洁

绿地的卫生保洁，包括对植物的叶面进行清洁、花坛和花盆的保洁等。物业环境绿化的清洁管理，是对景观的重要维护，保证小区景观的美化和整洁，才能更好地发挥绿化植物营造优美环境的功能。

（1）叶面清洁

叶面清洁在精品式室外环境绿化管理中及室内绿化管理中显得很重要。物业区域内，摆放在办公室、会议室或者大堂的室内植物，叶面很容易沾染灰尘，影响观赏，因此需要及时清理。物业环境内的植物应保持叶面干净，无灰尘、无污渍、无枯黄叶和病虫叶。

室内摆放的植物或会场布置用植物一般要求在进入室内前先将植物所有枯黄叶、病虫叶全面清除。清洁叶面时，可用手托住叶片的背面或前面，另一只手用软布蘸水轻轻擦拭，或用柔软的毛笔掸刷；用小型手动喷雾器直接喷洒清洗效果也很不错。种植在室外的绿化植物，由于室外环境污染、汽车尾气以及气候影响，叶面和树冠经常会蒙上大量的尘土，会影响植物的生长和环境的美化，一般可以用水对植物的叶面和树冠进行喷洗，一般要求每月用水冲洗一次植物的枝叶，以便将污物洗去。

（2）花盆、花槽保洁

花盆和花槽往往是影响花卉观赏质量的重要因素之一，也往往是被环境绿化工作者忽视的部分。在室内摆放时，花盆及花槽又往往是人们顺手丢烟头和垃圾的地方。要经常清洁花盆和花槽，保证其透水性和透气性。对花盆、花槽内的纸屑、烟头、棉签等杂物用镊子夹放入垃圾斗内；对花盆的盆面用抹布擦拭干净；对室内花槽进行清扫。盆面及花槽应保证无积水、杂物，要洁净，盆面和槽面干净，无污渍。

为了保证花盆清洁卫生，一般要求盆花在进入观赏区前应先抹干净，而且见客的花盆最好套观赏性较好的釉盆或塑料盆，尽量少用瓦盆。

（3）绿化垃圾清理

绿化垃圾指的是园林绿化的落叶、枯枝、植物修剪作业过程中产生的树木枝干、草屑及其他修剪物。绿化垃圾不属于日常的生活垃圾，这些垃圾中一般带有绿化的病虫害，需要专门进行清理。绿化垃圾不及时清理，影响美观的同时，容易滋生各种病虫害，因此在进行日常养护的同时，要及时清运绿化垃圾。

三、物业环境绿化周期工作

物业环境绿化管理的周期工作是指每隔一段时间或当植物生长到某一阶段的时候，就进行一次周期性养护工作。时间的间隔比较长，例如：整形修剪、施肥等。

1. 整形修剪

整形修剪是绿化树木栽培及养护中的经常性工作之一。绿化树木的景观价值需通过树形、树姿来体现，生态价值要通过树冠结构来提高，生命价值可通过更新复壮来延年，所有这些都可以在整形修剪技术的应用下得以调整和完善。此外，绿化树木的病虫防治和安全生长，也都离不开整形修剪措施的落实。

整形是指通过一定的修剪措施来形成栽培所需要的树体结构形态，表达树体自然生长所难以完成的人工栽培功能；而修剪则是服从整形的要求，去除树体的部分枝、叶器官，达到调节树势、更新造型的目的。如图 3—5—2 所示。

图 3—5—2 整形修剪

(1) 整形修剪的目的

不同植物具有不同的生长特性及观赏特性，不同的造园目的对植物的形态要求也不一样，但通过整形、修剪的方法可以改变其原有的形状，服务于园林景观的需求。整形修剪可使树体的各层主枝在主干上分布有序、错落有致、主从关系明确、各占一定空间，形成合理的树冠结构，满足特殊的栽培要求。通过整形修剪来控制和调整树木的树冠结构、形体尺度，以保持原有的设计效果。例如，在假山上或狭小的庭园中栽植的树木，要控制形体，达到缩龙成寸、小中见大的效果；栽植在窗前的树木，需要控制一定的冠密度，以免影响室内采光等。

控制花果生长。正确运用修剪可使树体养分集中、新梢生长充实，控制成年树木的花芽分化或果枝比例。及时有效的修剪，既可促进大部分短枝和辅养枝成为花果枝，达到花开满树的效果，也可避免花、果过多而造成的大小年现象。

调控通风透光。当自然生长的树冠过度郁闭时，内膛枝得不到足够的光照，致使枝条下部光秃形成天棚型的叶幕，开花部位也随之外移呈表面化；同时树冠内部相对湿度较大，极易诱发病虫害。通过适当的疏剪，可使树冠通透性能加强、相对湿度降低、光合作用增强，从而提高树体的整体抗逆能力，减少病虫害的发生。

(2) 整形修剪的方式

整形修剪主要是为了保持合理的树冠结构，维持各级枝条之间的从属关系，促进整体树势的平衡，达到良好的观赏效果和生态效益。整形修剪方式主要有：

1）自然式整形修剪。以自然生长形成的树冠为基础，仅对树冠生长做辅助性的调节和整理，使之形态更加优美自然。保持树木的自然形态，不仅能体现园林树木的自然美，同时也符合树木自身的生长发育习性，有利于树木的养护管理。

2）人工式整形修剪。依据景观配置需要，将树冠修剪成各种特定的形状，适用于黄杨、小叶女贞、龙柏等枝密、叶小的树种。常见树型有规则的几何形体、不规则的人工形体，以及亭、门等雕塑形体。

3）自然与人工混合式整形修剪。即在自然树形的基础上，结合观赏目的和树木生长发育的要求而进行的整形修剪方式。

（3）整形修剪时间

园林树木的整形修剪，从理论上讲一年四季均可进行；实际运用中，只要处理得当、掌握得法，都可以取得较为满意的结果。但正常养护管理中的整形修剪，主要分为两期集中进行。

1）休眠期修剪。大多落叶树种的修剪，宜在树体落叶休眠到春季萌芽开始前进行，冬季修剪会对树体产生不良影响，通常在严寒季节已过的晚春进行修剪，习称冬季修剪。此期内树木生理活动滞缓，枝叶营养大部回归主干、根部，修剪造成的营养损失最少，伤口不易感染，对树木生长影响较小。修剪的具体时间，要根据当地冬季的具体温度特点而定，如在冬季严寒的北方地区，修剪后伤口易受冻害，故以早春修剪为宜，一般在春季树液流动前约2个月的时间内进行；而一些需保护越冬的花灌木，应在秋季落叶后立即重剪，然后埋土或包裹树干防寒。

2）生长季修剪。又称夏季修剪。修剪时间不能过迟，否则易促使发生副梢而消耗养分，不利新梢成长；同时，修剪量适当，过量会使养分积累减少，不利植物生长。此期修剪的主要目的是改善树冠的通风、透光性能，一般采用轻剪，以免因剪除枝叶量过大而对树体生长造成不良的影响。对于夏季开花的树种，应在花后及时修剪，避免养分消耗，并促来年开花；一年内多次抽梢开花的树木，如果花后及时剪去花枝，可促使新梢的抽发，再现花期。观叶、赏形的树木，夏剪可随时去除扰乱树形的枝条；绿篱采用生长期修剪，可保持树形的整齐美观。

常绿树种的修剪，因冬季修剪伤口易受冻害而不易愈合，故宜在春季气温开始上升、枝叶开始萌发后进行。根据常绿树种在一年中的生长规律，可采取不同的修剪时间及强度。

（4）各类绿化树木的整形修剪

1）行道树的修剪。行道树一般为具有通直主干、树体高大的乔木树种。由于城市道路情况复杂，行道树养护过程中必须考虑的因素较多，除了一般性的营养与水分管理外，还包括诸如对交通、行人的影响，与树冠上方各类线路及地下管道设施的关系等。因此，在选择适合的行道树树种的基础上，通过各种修剪措施来控制行道树的生长体量及伸展方向，以获得与生长立地环境的协调，就显得十分重要。

2）庭荫树的修剪。庭荫树的枝下高无固定要求，若依人在树下活动自由为限，以2～3米以上较为适宜；若树势强旺、树冠庞大，则以3～4米为好，能更好地发挥遮阳作用。一般认为，以遮阳为目的的庭荫树，冠高比以2/3以上为宜。整形方式多采用自然形，培养健康、挺拔的树木姿态，在条件许可的情况下，每1～2年将过密枝、伤残枝、病枯枝及扰乱树形的枝条疏除一次，并对老、弱枝进行短截。需特殊整形的庭荫树可根据配置要求或环境条件进行修剪，以显现更佳的使用效果。

3）观花类。根据植物的形态和生长时间来进行修剪，落叶灌木的休眠期修剪，一般以早春为宜，一些抗寒性弱的树种可适当延迟修剪时间。同时要根据树木生长习性和开花习性进行修剪，比如连翘、榆叶梅、碧桃、迎春、牡丹等先花后叶树种，其花芽着生在一年生枝条上，修剪在花残后、叶芽开始膨大尚未萌发时进行。如紫薇、木槿、珍珠梅等，花芽在当年萌发枝上形成，修剪应在休眠期进行。

4）观果灌木类。其修剪时间、方法与早春开花的种类基本相同，生长季中要注意疏除过密枝，以利通风透光，减少病虫害，增强果实着色力，提高观赏效果；在夏季，多采用环剥、缚缢或疏花疏果等技术措施，以增加挂果数量和单果重量。

5）观枝类。为延长冬季观赏期，修剪多在早春萌芽前进行。对于嫩枝鲜艳、观赏价值高的种类，需每年重短截以促发新枝，适时疏除老干促进树冠更新。

6）观形类。修剪方式因树种而异。对垂枝桃、垂枝梅、龙爪槐短截时，剪口留拱枝背上芽，以诱发壮枝，弯穹有力。而对合欢树，成形后只进行常规疏剪，通常不再进行短截修剪。

7）观叶类。以自然整形为主，一般只进行常规修剪，部分树种可结合造型需要修剪。红枫，夏季叶易枯焦，景观效果大为下降，可行集中摘叶措施，逼发新叶，使之再度红艳动人。

2. 肥料管理

植物的生长需要肥料，但是不同植物、不同生长时期及不同土壤状况对肥料的种类、数量的需求不一样。在施肥时要根据植物的种类、生长阶段、土壤状况进行针对性的施肥，并针对不同植物采取不同的施肥方式。

（1）肥料的种类

1）有机肥。俗称农家肥，包括以各种动物、植物残体或代谢物组成，如人畜粪便、秸秆、动物残体、屠宰场废弃物等。另外，还包括饼肥（菜籽饼、棉籽饼、豆饼、芝麻饼、蓖麻饼、茶籽饼等)、堆肥、沤肥、厩肥、沼肥、绿肥等，主要是以供应有机物质为手段，借此来改善土壤理化性能，促进植物生长及土壤生态系统的循环。

2）无机肥。为矿质肥料，也叫化学肥料，简称化肥。它具有成分单纯，含有效成分高，易溶于水，分解快，易被根系吸收等特点，故称“速效性肥料”。通常的化肥即是“无机肥料”。无机肥是指用化学合成方法生产的肥料，包括氮、磷、钾、复合肥等。

物业环境内的植物种类很多，有观花、观叶、观果等植物，又有乔、灌、草等之分，不同的植物对肥料的需要不一样，需要根据不同植物的生长特点，来决定施用肥料的种类和施肥的方式。施肥的种类一般来说应该以有机肥为主，无机肥为辅。施肥的方式以基肥为主，追肥为辅。

(2) 施肥时间

植物施肥应在其生长营养期、生殖期都需要进行，而且都是十分重要和必要的。一般于营养生长期以氮肥为主，生殖期以磷、钾肥为主。而且施肥的时机以基质稍干燥、生长旺盛期为最好，此时施肥吸收率高，且需求量也大。植物施肥并不能在植物缺少营养时才追施，一定要在并不缺少肥料的时间补充肥料，否则就脱节了。

要根据植物不同的生育时期选择最佳的肥料配方。苗期是植物的营养生长期，是植物生长的关键时期，为使植物能够健康生长，既要提高氮素在肥料中的含量，又要考虑氮、磷、钾均衡配比以及添加适量的微量元素，促进根、茎、叶的生长。磷素可以促进植物的根部发育和开花，为促进花芽分化，要增加碳水化合物提高碳氮比。结果期是植物生长周期的末期，应喷施水溶性速效肥，肥料中要含有较高的磷和钾，同时要补充钙、镁，提高果实的糖度，增强果实抗病力，使果实适应长途运输，延长储存时间。

(3) 施肥方法

1）基肥。一般叫底肥，是在播种或移植前施用的肥料。它主要是供给植物整个生长期中所需要的养分，为植物生长发育创造良好的土壤条件，也有改良土壤、培肥地力的作用。一般而言，难溶的、移动性小的磷肥宜用作基肥。

2）种肥。种肥是指播种或移植时施用的肥料，其目的是使幼苗一生长便可以吸收到养分。用作种肥的肥料，应当是容易被幼苗吸收的速效肥料。

3）追肥。追肥是指植物生长期间，根据植物对养分的要求，补充因基肥不足而施的肥料。追肥大多使用速效肥料，主要是化学氮肥或人畜粪尿。追肥的作用主要是为了供应植物某个时期对养分的大量需要，或者补充基肥的不足。实际生产作业中通常是基肥、种肥和追肥相结合。追肥施用的特点是比较灵活，要根据植物生长的不同时期所表现出来的元素缺乏症，对症追肥。氮钾追肥是最常见的化肥品种。

4）根外追肥法（叶面喷施）。植物不仅可以从根吸收必需的养分元素，还可以从其他处（如叶面）吸收一些可溶性的养分。因此，可用喷施方式在叶面上供给植物所需的营养物质，称为根外追肥，也称叶面喷施。在植物生长中、后期，由于根系吸收养分不足，这时就可以通过根外追肥来补充植物所需的养分。氮、磷、钾及微量元素等化肥都可以用作根外追肥。

思考与练习

1. 在浇水时，如何选择浇水的时机并确定浇水的次数？
2. 除草的方法有哪几种？操作时应该注意哪些问题？
3. 整形修剪的目的是什么？主要的操作方式有哪些？
4. 绿化植物如何进行肥料管理？

第 6 节　物业环境绿化植物病虫害防治

绿化植物在生长的过程中时常会遭遇各类病虫害的影响，常导致植物生长不良或者枯萎病死，失去其原有的观赏价值，同时也给物业区域带来不良的虫害影响。有效地防治绿化植物的病虫害，是物业植物养护管理中的一项极为重要的工作内容。

一、植物病害

植物在生长发育和储藏运输过程中，由于遭受其他生物的侵染或不利非生物因素的影响，生长发育受到阻碍，导致产量降低、品质变劣甚至死亡的现象，称为植物病害。

1. 植物病害的原因

引起植物生病的直接原因称为病原。按其性质可分为生物性病原和非生物性病原两大类。

（1）生物性病原

生物性病原是指以园林植物为寄主对象的一些有害生物。主要有真菌、细菌、病毒、类病毒、类菌质体、寄生性种子植物、线虫、螨类等。

凡由生物性病原引起的园林植物病害都能相互传染，故称为传染性病害或侵染性病害，也称为寄生性病害。

（2）非生物性病原

非生物性病原指除生物性病原以外的一切不利于园林植物正常生长发育的因素，包括气候、土壤和营养等因素。

由非生物因素引起的植物病害是不能相互传染的，故称为非传染性病害或非侵染性病害，也称生理病害。

2. 植物病害的症状

植物在病原物的侵害或不适环境条件的影响下会出现生理机能失调，组织结构受到破坏。植物病害是寄主植物和病原物的拮抗性共生；其发生和流行是寄主植物和病原物相互作用的结果。植物病害的病状主要分为变色、坏死、腐烂、萎蔫、畸形五大类型。

（1）变色

由于叶绿素发育受到破坏，叶片的颜色发生改变，这种变色可以是普遍的也可以是局部的，变色的细胞本身并不死亡。主要表现为褪绿和黄化，也有的表现为紫色或红色等其余色泽的变化，叶色变深成蓝绿色或叶片外表呈金属光泽（银叶病）等。叶片上不均匀的变色，如常见的花叶，是由不规则的深浅绿或黄绿相间形成的。变色部分呈不规则斑块的为斑驳，呈环状的为环斑，或者几个环斑组成的同心斑，或者是线条状变色的线纹。

（2）坏死

植物细胞和组织的死亡引起坏死。植物的根、茎、叶、花、果实都能发生坏死。

植物局部组织变色，然后坏死而形成斑点。植物组织连片坏死而呈现黄白色、褐色或黑色，形成叶斑、叶枯、环斑、条斑或轮纹斑。同时叶片的局部组织坏死后脱落。植物体表先呈现皮包状隆起，然后表皮细胞破裂。

（3）腐烂

腐烂是指全部组织和细胞的损坏和消解。植物的根、茎、花、果实都可发生，尤易见于幼嫩组织。但多汁而幼嫩的植物组织受害后，植物细胞和组织易发生腐烂。根据腐烂的部位，可分为根腐、茎腐、果腐、花腐等。伴随各种颜色的变化特点，可分为褐腐、白腐和黑腐等。根据组织分解的程度不同，有干腐、湿腐和软腐之分，比较坚硬的植物组织发生腐烂称为干腐，柔软而多汁的植物组织发生腐烂称为湿腐，寄主组织细胞间中胶层的破坏称为软腐。

（4）萎蔫

萎蔫指植物根部或茎部的维管束组织受到侵染而发生的枯萎现象。萎蔫可以是局部的，也可以是全株性的。典型的萎蔫病害无外表病症，植物皮层组织完好，但内部维管束组织受到破坏。

（5）畸形

畸形是指感病植物组织和器官所发生的矮缩、丛簇、丛枝、发根、肿瘤、皱缩、卷曲、花器和种子变态等现象。矮缩是全株发生抑制性病变，生长发育不良，植株矮小。丛簇只是主轴节间的缩短，或节间的数目也同时减少，但叶片的大小仍正常。枝条不正常的增加形成丛枝。根的增加或不正常的过度分根形成发根。肿瘤在根、茎、叶上均有发生，根、茎和叶脉上可形成突起的增生组织。此外，植株还会产生生长习惯或对称性的改变，如由匍匐性变为直立性等。叶子受病后发生的病变也很多，如叶片变小，全缘叶变为缺刻叶，叶面高低不平形成的皱缩叶，叶片沿主脉向上或向下翻卷形成的卷叶等。花的各部分变为绿色叶片状的叶变等则是一些特别的畸形变化。

3. 植物病症类型

（1）粉状物

病原真菌在植物受害部位形成黑色、白色、铁锈色的粉状物。包括黑粉病、白粉病、锈病等。

（2）霉状物

病原真菌在植物受害部位形成白色、褐色、黑色的霉层。

（3）粒状物

出现小黑点，即病原真菌在植物受害部位形成的黑色小颗粒；或者菌核，即病原真菌在植物受害部位形成大小不同的褐色或黑色颗粒；或者白锈，即病原真菌在植物受害部位形成白瓷状物。

（4）菌脓和菌痂

病原细菌在植物受害部位形成黏液和胶痂状物。

二、植物虫害

植物虫害，主要是指昆虫通过食取植物的某些组织器官、汁液等，造成植物残缺、枯萎、畸形甚至腐烂，降低植物的观赏价值，甚至引起植物的死亡。植物的虫害种类有很多。

1. 白粉虱

主要危害扶桑、三角红、柑橘类植物，以及鸡蛋花。主要在叶被危害。使植物产生煤污病，受害叶片正面褪绿、变黄，个别向背面卷缩甚至干枯，导致植物落叶，严重者死亡，还可传播某些病毒。

2. 蚜虫

主要危害扶桑、三角红，其他植物少见。多集中于叶被和嫩梢危害，吸取汁液，致使叶片皱缩不平，扭曲变形，甚至枯黄早落，其排泄物诱发煤污病，还可传染多种病毒，影响植物生长，降低观赏价值。

3. 介壳虫

主要是考氏白盾蚧和咖啡黑盔蚧。考氏白盾蚧主要危害桑科植物及棕榈科植物及苏铁等植物。咖啡黑盔蚧主要危害苏铁、榕树。

考氏白盾蚧：在叶片正背面、叶柄以及枝干上固定危害，分泌物诱发煤污病。

咖啡黑盔蚧：在叶片枝条上吸食枝液，固定危害，使叶片发黄，分泌物诱发煤污病。

4. 叶螨（红、白蜘蛛）

主要危害竹类、桑科、芸香科、仙人掌科植物。吸食植物的叶、芽、果的汁液，叶片受害时呈现失绿斑点逐渐扩大连片，严重时叶片焦枯苍白早落，使树势消弱，降低观赏效果。

三、植物病虫害防治要点

在病虫害防治上要本着“有病治病，无病防病”原则，摸清病虫害的发病规律，在发病初期提前预防，科学使用农药，并以综合兼治为主，有效地提高农药喷洒的效果，达到除虫灭病的目的，以提高花木的观赏价值。应通过农药合理的混用来达到兼治性和广谱性，尽量减少农药的使用次数，以减少污染，降低成本。

利用物理法进行防控，根据害虫的习性和发生规律，抓住害虫的生活史的薄弱环节，利用人工、物理、成虫趋性进行防控。

1. 实施人工、生态调控法

每种病虫害对温度、湿度、土壤往往有不同的要求，利用温室密闭，温湿度可调节的优点，创造不利于病虫害发生而有利于植物生长的条件，从而达到防病治虫的目的。要及时对温室通风换气，改善室内的温湿度。据资料记载，当温度在 15～25℃、空气湿度在 80％以上时，是病害的高发期，并且会迅速蔓延。而蚜虫、叶螨喜欢比较干爽的环境。因此，在病害的高发期，采用通风、降低室内温湿度来控制病害的发生。在蚜虫、叶螨高发期，利用提高室内的湿度的方法来抑制蚜虫、叶螨的发生。

2. 对病叶、病枝进行人工的修剪

清理销毁病枝残叶、病残体及枯枝落叶。并结合人工清除捕捉虫体及卵块，以达到灭虫的目的。

3. 利用趋性诱杀

如灯光诱杀就是利用成虫的趋光性进行捕杀。也可利用害虫对不同颜色的趋性进行灭杀，如蚜虫、粉虱喜黄色，可利用黄板进行诱杀。利用蓖麻的气味可防止地下害虫有蛴螬、蝼蛄等。

4. 浇灌、根施法

在个别大树利用喷雾法不能起效，或由于不能使用喷雾法的情况下使用。把药浇入或埋入根部土壤内使植物吸收，以达到杀虫的目的。

5. 熏蒸、烟雾法

利用敌敌畏进行熏蒸，根据室内情况选择地点，每处用敌敌畏 100 克，利用小火加热，人立即离开，使其燃烧，产生烟尘，将室内封闭 12 小时，5～7 天使用一次，使用 3～4 次，或视情况连续使用。这种方法对室内多种害虫都有效果。比人工打药省工省时。

6. 注射法

在树木的基部打孔，深约 5～10 厘米，将药液注入孔内，后将孔堵上。但要注意用药浓度和药量不要过大。这种方法在防治榕树介壳虫上效果比较好。

7. 涂干法

利用石硫合剂给植物涂干。将植物主干的老皮刮掉，涂以原药，对防治虫卵有较好的疗效。

思考与练习

1. 植物病害的原因有哪些？
2. 植物病害的典型症状有哪些？
3. 常见的虫害有哪几种？
4. 简述植物病虫害防治要点。

第 4 章　物业环境污染管理

物业环境污染是指人们在生产和生活活动过程中，由于有害物质进入生态系统的数量，超过了生态系统本身的自净能力，造成环境质量下降或环境状况恶化，使生态平衡及人们正常的生活条件遭到破坏，从而影响到居住的环境质量，甚至对身体造成危害的现象。常见物业环境污染包括大气污染、水污染、噪声污染和装修污染。

第 1 节　物业大气污染与防治

物业大气污染通常是指由于人类活动或自然过程引起某些物质进入大气中，呈现出足够的浓度，达到足够的时间，并因此危害了业主舒适的生活和身体健康。

一、物业大气污染的产生

城市中物业职能的转换和人们从事种类繁多的生产、生活活动，不断地向物业区域内的大气排放出各种污染物。如果污染物的含量超过环境允许的极限时，大气环境就会恶化，影响人们的身体健康、活动效率和精神状态，并会直接或间接地破坏设备设施。大气污染从总体上看，是由自然灾害和人为活动两大因素造成的，而物业环境的污染，主要是指人为活动造成的污染。

物业大气污染的产生主要有三个方面：一是生活污染源，即人们在做饭、取暖、洗涤等过程中，所用燃料放出的有毒有害气体、烟雾等造成的污染；二是工业污染源，即工矿企业在生产过程中和燃料燃烧过程中排放的煤烟、粉尘及无机、有机化合物等造成的污染；三是交通污染源，即各种交通工具运行时排放出的发动机燃料燃烧后的尾气等造成的污染。

二、物业大气环境的污染物质

1. 硫氧化物

硫氧化物（主要指二氧化硫和三氧化硫）主要来源于燃烧含硫燃料，如煤和石油。

此外还有有色金属冶炼厂、硫酸厂也排放大量硫氧化物气体——二氧化硫，在相对湿度较大、有颗粒物存在或在阳光紫外线照射下有氮氧化物存在时，二氧化硫可转化为三氧化硫，并形成硫酸雾。

2. 煤尘和粉尘

煤尘是伴随燃烧过程中发生的烟尘，包括炭黑、飞灰等。煤尘、煤烟产生源有锅炉、焙烧炉、熔矿炉、炼钢炉等。粉尘是在固态物料运输、粉碎加工过程中产生的飞扬颗粒物。粒径大于10微米的称为降尘；粒径小于10微米的叫飘尘。粉尘产生源主要是炼焦炉、物料堆积场、转运场、破碎机、研磨机、筛分机等的使用。工业燃料产生的大量烟尘污染使城市透明度急剧下降，白天日照时间缩短。

3. 一氧化碳

大气中的一氧化碳来源于人为污染源和自然发生源。人为产生的一氧化碳主要来源于燃烧不充分。随着燃烧技术的提高，固定燃烧装置产生的一氧化碳已逐渐减少，但机动车辆等排出的一氧化碳量却在不断增加。

4. 氮氧化物

造成大气污染的氮氧化物主要是一氧化氮（NO）和二氧化氮（NO_2）。人为的氮氧化物污染源主要是内燃机燃烧过程、硝酸生产及氮肥生产、冶金工业等。实验证明，一氧化氮的生成速度随燃烧温度增高而加快。300℃以下时，一氧化氮生成量很少；当燃烧温度高于1 500℃时，生成的一氧化氮显著增加。

5. 光化学烟雾和氧化剂

光化学烟雾是在一定气候条件下形成的一次污染物与二次污染物的混合烟雾。从各种直接发生源排放入大气的污染物叫作一次污染物。一次污染物当中有一部分是不稳定的反应性污染物，在一定条件下，可以在大气中继续反应生成新的二次污染物。常见的二次污染物有臭氧、过氧乙酰硝酸酯、过氧苯酰硝酸酯、硫酸及硫酸盐气溶胶、硝酸及硝酸盐气溶胶，以及反应产生的中间物质，如超氧化氢等氧化剂。

三、物业大气污染的危害

1. 对人体健康的危害

人需要呼吸空气以维持生命。一个成年人每天呼吸大约2万多次，吸入空气达15～20米^3。因此，被污染了的空气对人体健康有直接的影响。大气污染物对人体的危害是多方面的，主要表现是呼吸道疾病与生理机能障碍，以及眼鼻等黏膜组织受到刺激而患病。大气中污染物的浓度很高时，会造成急性污染中毒，或使病状恶化，甚至夺去生命。

2. 对植物的危害

大气污染物，尤其是二氧化硫、氟化物等对植物的危害是十分严重的。当污染物浓度很高时，会对植物产生急性危害，使植物叶表面产生伤斑或者直接使叶枯萎脱落；当污染物浓度不高时，会对植物产生慢性危害，使植物叶片褪绿，或者表面上看不见什么危害症状，但植物的生理机能已受到了影响，造成植物产量下降，品质变坏。

四、物业大气污染的防治

物业大气中的污染物，一般不可能集中进行统一处理，因此对于已经进入大气的污染物质，只能考虑尽可能利用大气的自净化作用和植物净化能力逐渐予以消除或减少。因此，防治大气污染的根本办法是在污染物排放入大气之前对污染物进行处理，使它们不能进入大气，以保证大气的环境质量。

1. 大气的自净化作用

大气的自净化作用有物理作用（扩散、稀释和雨雪洗涤等）和化学作用（氧化还原作用），在污染物排出总量基本恒定的情况下，污染物浓度在时间、空间分布上同气象条件有关。认识和掌握气象变化规律就有可能充分利用大气自净化作用，减弱或避免污染的危害。物业公司在所管辖的区域内应该提醒业主应经常开窗通风，每次烹饪完毕必须开窗换气；在物业区域的室内如使用化学用剂后，不可马上关窗，至少通风换气半个小时。

2. 植物的净化作用

植物具有美化环境、调节气候、截留粉尘、吸收大气中有害气体等功能，可以大面积长期连续地净化大气，尤其在大气中污染物影响范围广、浓度较低的情况下，植物净化是行之有效的方法。在城市以及物业区域内有计划、有选择地扩大绿地面积，是综合防治大气污染的长效与多功能的保护措施。

茉莉、丁香、金银花、牵牛花等花卉分泌出来的杀菌素能够杀死空气中的某些细菌，抑制结核、痢疾病原体和伤寒病菌的生长，使室内空气清洁卫生。但植物本身吸附作用较为微弱，一般只作为辅助方式。

3. 活性炭的吸附净化作用

在所管辖的物业区域内，可利用活性炭的吸附作用对室内有害气体进行净化，活性炭是利用木炭、竹炭、各种果壳和优质煤等作为原料，通过物理和化学方法对原料进行破碎、过筛、催化剂活化、漂洗、烘干和筛选等一系列工序加工制造而成。

4. 运用先进的科学技术减少大气污染

积极运用无废、少废、节能的新技术、新工艺，筛选、推广环境保护的适用技术，尽快把科技成果转化为生产和治污能力，积极推广先进实用的环保设备，减少污染物的生成和排放量。加强对生产和生活过程中所产生的污染物在排放之前的各种治理手段，严格控制排放总量不超过法定的污染物排放标准。

五、物业室内空气污染及整治

1. 物业室内空气污染的含义

物业室内空气污染是指由于各种原因导致的室内空气中有害物质超标，进而影响人体健康的室内环境污染行为。有害物包括甲醛、苯、氨、放射性氡等。

很多人一直认为空气污染严重的是室外，而事实上，办公室、居室、饭店等室内环境对人们健康的影响远比室外要大得多，室内空气质量的优劣直接影响到人们的工作和生活。低劣的空气质量会使人注意力分散，工作效率下降，严重时还会使人产生头痛、恶心、疲劳、皮肤红肿等症状。

2. 物业室内空气污染的主要来源

（1）人体呼吸、烟气

研究结果表明，人体在新陈代谢过程中，会产生约 500 多种化学物质，经呼吸道排出的有 149 种，人体呼吸散发出的病原菌及多种气味，其中混有多种有毒成分，决不可忽视。人体通过皮肤汗腺排出的体内废物多达 171 种，例如尿素、氨等。此外，人体皮肤脱落的细胞，大约占空气尘埃的 90%。若浓度过高，将形成室内生物污染，影响人体健康，甚至诱发多种疾病。

吸烟是室内空气污染的主要来源之一。烟雾成分复杂，有固相和气相之分。经国际癌症研究所专家小组鉴定，并通过动物致癌实验证明，烟草烟气中的致癌物多达 40 多种。吸烟可明显增加心血管疾病的发病概率，是人类健康的“头号杀手”。

（2）装修材料

室内装修使用各种涂料、油漆、墙布、黏合剂、人造板材、大理石地板以及新购买的家具等，都会散发出酚、甲醛、石棉粉尘、放射性物质等，它们可导致人们头疼、失眠、皮炎和过敏等反应，使人体免疫功能下降，因而国际癌症研究所将其列为可疑致癌物质。

（3）微生物、病毒、细菌

微生物及微尘多存在于温暖潮湿及不干净的环境中，随灰尘颗粒一起在空气中飘散，成为过敏源及疾病传播的途径。特别是尘螨，是人体支气管哮喘病的一种过敏源。尘螨喜欢栖息在房间的灰尘中，春秋两季是尘螨生长、繁殖最旺盛时期。

（4）厨房油烟

厨房油烟对室内空气的污染很少被人们重视。据研究表明，城市女性中肺癌患者增多，经医院诊断大部分患者为腺癌，它是一种与吸烟极少有联系的肺癌病例。进一步的调研发现，致癌途径与厨房油烟导致突变性和高温食用油氧化分解的致癌物有关。厨房内的另一主要污染源为燃料的燃烧，在通风差的情况下，燃具产生的一氧化碳和氮氧化物的浓度远远超过空气质量标准规定的极限值，这样的浓度必然会对人体造成危害。

3. 物业室内空气污染的整治

室内空气质量好坏直接影响到人们的生理健康、心理健康和舒适感。为了提高室内空气质量，改善居住、办公条件，增进身心健康，必须对室内空气污染进行整治。

(1) 使用最新空气净化技术

对于室内颗粒状污染物，净化方法主要有低温非对称等离子体除尘、静电除尘、扩散除尘、筛分除尘等。净化装置主要有低温非对称等离子体除尘器、机械式除尘器、过滤式除尘器、荷电式除尘器、湿式除尘器等。从经济的角度考虑首选过滤式除尘器；从高效洁净的角度考虑首选荷电式除尘器。

对于室内细菌、病毒的污染，净化方法是低温非对称等离子体净化技术。配套装置是低温等离子体净化装置。

对于室内异味、臭气的清除，净化方法是选用0.2～5.6微米的玻璃纤维丝编织成的多功能高效微粒滤芯，这种滤芯滤除颗粒物的效率相当高。

对室内空气中的污染物，如苯系物、卤代烷烃、醛、酸、酮等的降解，采用光催化降解法非常有效。例如利用太阳光、卤钨灯、汞灯等作为紫外光源，使用锐态矿型纳米二氧化钛（TiO_2）作为催化剂。

(2) 加强室内通风换气的次数

对于人体呼吸产生的废气、吸烟产生的致癌物质、装修用品放射出的有害物质、厨房的油烟、开空调空气不对流等情况，可以通过加强室内通风的时间和次数，降低有害物质的浓度，从而减少对人体的伤害。

(3) 加强物业管理区域卫生管理，保持物业区域内的室内清洁

物业公司应该加强物业管理区域的卫生管理，注重管理区域内的室内卫生清洁工作，从而达到减少灰尘、微生物、病毒、细菌对业主和使用人的不良影响。

思考与练习

1. 物业大气污染有什么危害？
2. 物业大气污染的防治方法有哪些？
3. 室内空气污染的含义是什么？
4. 室内空气污染的主要来源有哪些？
5. 改善室内空气污染有什么对策？

第 2 节　物业水污染与防治

物业区域内的水污染会危害业主健康，破坏居住生活环境，物业公司必须重视管辖区域内的水污染防治工作。

一、物业水污染的概述

物业水污染是在使用物业的过程中大量排放的污染物和液体进入水体，使水质量下降，利用价值降低或丧失，并对生物和人体造成损害的现象，这些损害还包括缺水、地表下沉和水土流失等现象。

在物业的使用过程中，水污染主要来源于工业废液污染和生活废水污染。当然还有其他类型的水污染，如垃圾填埋场污水渗漏产生的二次水污染、医疗污水污染、有毒危险品和放射性物质渗入水中造成的水污染等。

二、物业水污染的危害

水体受到污染后，会对人体的健康，工业生产等产生许多危害和不良影响。

1. 对人体健康的危害

水不仅是重要的环境因素，也是人体的重要组成部分。成人体内含水量约占体重的65%，每人每天生理需水量约为 2～3 升。人体内的一切生理活动，如体温调节、营养输送、废物排泄等都需要水来完成。因此，水体污染会直接或间接损害人类的身体健康。常见水体污染物对人体健康的危害见表 4—2—1。

表4—2—1　　常见水体污染物对人体的危害

名称	对人体的影响
汞	口齿不清、视野缩小、听觉失灵，神经错乱，疯狂、颤动、痉挛、惊厥，全身弓弯。孕妇中毒，婴儿痴呆
镉	肾、骨骼病变。身体缩短、骨骼严重畸形，全身疼痛（称“痛痛病”）以致死亡
砷	人体新陈代谢失调，皮肤角质化，引起皮肤癌。导致严重残废，中毒死亡
铅	贫血、神经错乱，儿童智力下降
铬	皮肤溃疡，致癌死亡
氰化物	眼花、头晕，心跳变慢、血压下降，中毒死亡
硫化物 磷化物	呕吐、腹痛、腹泻，头痛、头晕，中毒死亡
病菌、病毒	世界上有80%的疾病与水体被寄生虫、病毒、病菌污染有关。伤寒、霍乱、肠胃炎、痢疾和传染性肝炎等恶臭。影响呼吸功能，精神烦躁、食欲不振，损坏中枢神经和大脑皮层的功能

2. 对工业生产的影响

水质受到污染会影响工业产品的产量和质量，造成严重的经济损失。此外，水质污染还会使工业用水的处理费用增加，并可能对设备、厂房、下水道等产生腐蚀，也影响到正常的工业生产。

三、物业水污染的防治

生活污水和工业废液等的随意排放是造成物业水污染的主要原因。因此，防治水体污染首先要从断源开始，即控制污水的排放，将“防”“治”“管”三者结合起来。具体来说，应从以下几个方面着手：

1. 减少污（废）水的排放量

改变传统的工业发展模式，使工业用水重复利用并设法回收废液，尽量减少工业用水总量，这是减少污水排放量的基本方法。通过实施超标准用水高价收费的差别价格，促使业主尽量缩减用水量，也不失为一项有效措施。

2. 降低所排污水的有害程度

通过综合利用或技术改进尽量降低污染物的浓度，也能有效减少污染。例如，厨房洗水槽内装滤水带，减少生活用水中的污染物，降低所排污水中的有害物质；减少洗涤剂的用量，对改善生活污水水质也有很大的作用。

3. 加强废水处理环节，杜绝任意排放

为确保水体不受污染，必须在废水排入水体之前进行妥善处理，以免影响水体卫生状态和经济价值。对含有特殊有害物质的电池等不应该直接置于垃圾桶内，以免污染水体或者土壤，在物业管理区域内设置专门的回收点交专业部门处理。

4. 加强对水体及其污染源的监测管理

经常对物业用水和排水进行监测，了解物业水污染等情况及其是否符合国家有关规定和标准，确保物业使用者的用水安全和身体健康，同时，确保不造成对外界的影响和危害。这样可使物业水污染的防治工作有目标有方向地进行，是防止水污染严重化不可缺少的有效手段。

5. 加强政府和群众合作，公共防治物业水污染

加强对水污染防治的监督管理，各级政府要把防治水污染纳入城市建设规划中，建设和完善城市排水管网和污水处理设施，城市环保部门要严格执行企业事业单位排污申报登记制度、排污检查监督制度、超标排污限期治理制度等。物业区域内任何单位和个人，都有责任保护水环境，有权对污染损害水环境的行为进行监督和举报。政府和业主、业主之间应联合起来，共同防治物业水污染。

思考与练习

1. 物业水污染有哪些危害？
2. 常见的水污染物有哪些，它们对人体的危害有哪些？
3. 如何防治物业水污染？

第 3 节　物业噪声污染与防治

声音是沟通思想和感情，传播信息，研究和识别周围事物的媒介，然而有些声音会妨碍人们的生活和活动，甚至影响人体的健康。通常把这些使人烦躁、难受或受害的声音，称为噪声。

一、物业噪声的类型

物业噪声污染是指环境噪声超过生态系统标准或国家及国际标准，对业主或者业主的工作、学习、生活等正常活动以及人体健康造成妨碍和损害的环境现象。其表现形式是声音尖高、刺耳、杂乱和怪声等噪声污染程度用分贝来衡量，适合人生活的环境声音在15～45分贝之间，超过标准便构成了噪声污染。物业噪声的类型见表4—3—1。

表4—3—1　物业噪声的类型

类型	说明
过响声	过响声是指很响的声音，如喷气飞机发动机的声音、汽车气喇叭声、汽笛排气声、材料切割声等。过响声导致附近居民及从事各种活动的人员不得安宁，甚至引起头痛恶心，听力衰退，工作失误和效率低下等不良后果。声音越响，人能够耐受的时间越短，对人的影响与损害越大
妨碍声	有的声音虽然不大，但妨碍人们交谈、学习、思考、睡眠和休息等。例如，图书馆中有些人的窃窃私语
不愉快声	有的声音是突发性的，具有强烈的心理刺激作用，使人听到后感到刺耳、精神紧张或不愉快
其他噪声	日常生活中其他不需要、无意义的声音，虽然未必对人的健康等方面有什么特殊的妨害，但也属噪声之列

二、产生噪声污染的原因

1. 车辆交通噪声

物业区域内的道路和紧临物业的城市道路，以及其上空的各种交通工具发出的噪声，是物业区域主要噪声来源之一。车辆交通噪声是其中之一。当机动车辆驶入物业管理区域内时，会发生行进、振动和喇叭声，造成直接污染。

2. 建筑施工噪声

在物业区域外如有建筑工地，会发出因机械振动、摩擦撞击、搅拌、吆喝等噪声，使物业环境受到间接污染。物业区内本身的维修和装修活动，也会产生施工噪声和使用电动工具的刺耳噪声污染。

3. 社会生活噪声

社会生活噪声指物业区内部和建筑物内部各种生活设施、人群活动等产生的噪声。主要包括商业设施噪声、教育设施噪声和居民生活噪声三类。例如，户外农贸市场的嘈杂声、小区内卡拉OK的歌唱声、中小学的广播喇叭声、儿童的哭闹声等。

三、物业噪声的特点

噪声是一种危害人类的环境公害，从这一点来看，它和大气污染、水污染是一样的。不同的是，噪声不仅具有客观性，还具有较强的主观性，它属于感觉公害，这是噪声污染与其他污染的显著不同。一般来说，噪声污染具有以下两个方面的特点：

1. 主观性和相对性

一种声音是否是噪声，其危害是大是小，不仅具有一定的客观性，还取决于受害人的生理与心理要素，一般没有绝对标准。同一种声音，对不同的人来说，反应是不相同的。如同一响度的声音，对老年人与青年人、脑力劳动者与体力劳动者、病人与健康人等，产生的反映、危害等效果是不一样的。因此环境噪声具有显著的主观性和相对性，这就决定了在制定环境噪声标准或者物业管理公共区域噪声管理规定时，应根据不同时间、不同地区和不同行为状态来考虑和制定。

2. 局部性和分散性

噪声污染只局限于噪声源附近地区，随距离增大，噪声强度迅速减弱，不会像大气污染和水污染那样转移和富集。噪声污染没有储备性或积累性，噪声源一旦停止发声，噪声立即消失，没有遗留危害作用，这是噪声污染比较容易治理的一个方面。另一方面，噪声源在物业区域内是极为分散的，数量又比较多，例如每一辆汽车都可能是一个噪声源，这就难以对噪声源进行集中处理，这是噪声污染难以管理的一面。

四、物业噪声的危害

物业噪声危害是多方面的，具体来说，主要体现在以下几个方面：

1. 有损人体健康

（1）噪声直接损害人的听觉系统，噪声强度在 80 分贝以下，才能保证人们长期工作下不会耳聋，超过 90 分贝的噪声对人体构成极大危害甚至可以致人死亡。

（2）噪声对心脏病的发展与恶化有密切的联系。噪声会引起人体紧张的反应，使肾上腺素增加，引起心率改变和血压升高。一些工业噪声调查的结果表明，在高噪声条件下劳动的机械工人比安静情况下劳动的工人循环系统的发病率要高。

（3）噪声还能引起失眠、疲劳、头晕、头痛、记忆力减退等病症。强噪声会刺激耳腔前庭，使人眩晕、恶心、呕吐，超过 140 分贝的噪声甚至会引起眼球振动，视觉模糊，呼吸、脉搏、血压都发生明显和强烈的波动，全身血管收缩，使供血减少，严重的还会使说话能力受到影响。

2. 对睡眠的干扰

噪声会影响人的睡眠质量，老年人和病人对噪声干扰尤为敏感。睡眠受到干扰后，工作效率和健康都受到影响。一般来说，40 分贝的连续噪声可使 10％的人受到影响，70 分贝即可影响 50％的人；突发性的噪声在 40 分贝时，可使 10％的人惊醒，到 60 分贝时，可使 70％的人惊醒。

3. 对人心理的影响

噪声使人心烦意乱和心神不宁。它往往伴随着声音的强烈振动，地面、楼体和物件的振动，对人精神的集中和调节影响很大，是导致城市人神经衰弱的一个重要原因。噪声使人精力不易集中，影响工作效率和休息。由于噪声的掩蔽效应，往往使人不易察觉一些危险信号，容易造成工伤事故。美国根据对不同工种工人医疗和事故报告的研究发现，比较吵闹的工厂区域，发生的事故要多得多。再如处于噪声连续不断的环境中，人们的劳动效率和工作效率将降低 40%，如进行绘图、计算、思考等，错误会增加一至两倍。

五、物业噪声的控制

物业噪声的控制主要是依据噪声控制标准和有关法律法规，对物业区域内的噪声采用技术手段和各种管理手段，来限制或减少噪声强度。另外，物业布局和合理规划对物业噪声的控制也能起很重要的积极作用。

1. 物业噪声控制标准（见表 4—3—2）

表 4—3—2　　物业噪声的控制标准

控制方面	控制标准
听力保护	大多数国家都以 85 分贝或 90 分贝（A）声级作为听力保护标准
环境噪声	国际标准化组织的调查认为，噪声干扰睡眠休息的极限是白天 50 分贝，夜间 45 分贝
室内噪声	我国住宅室内标准规定低于所在区域环境噪声标准 10 分贝。非住宅室内标准，是根据房间的不同用途提出来的，其标准是室外传入室内的噪声级
噪声源控制	多属于设备、产品的噪声指标，它不仅是防止设备、产品的噪声污染环境的依据，也是产品性能质量指标，其指标高低是技术先进程度的反映。对物业环境影响较大的噪声源主要是机动车辆

2. 物业噪声的控制途径

对于物业噪声来说，物业管理者可采用以下办法来控制噪声污染：

（1）切断噪声声源

在治理噪声污染的实践中，主要是断绝噪声声源，发展隔音设备，发展立体绿化工程和加强管理及严格执法。切断噪声源的工作有：控制建筑工地白天和夜间施工的时间；工厂、装修等在室内进行并控制声音和进行隔音；打桩、冲击、汽车鸣笛等均应严格控制；保持行车路面平整和限制汽车夜间行驶速度，可使汽车不要过分颠簸振动；不准设置和播放高音喇叭等。发展隔音设备方面主要应大力发展隔音墙、隔音树林和自然吸音的立体绿化工程等。

（2）加强绿化

绿化的好处是众所周知的。植物不但可以净化空气，调节温度与湿度，保持水土，防风固沙，而且可以消声防噪。物业环境管理者应在所管物业区域内，多种植树木、花草，以达到消声防噪、美化环境的目的。

（3）限制车辆进入物业区域

完全禁止车辆进入物业区域是不太可能的，但可以在数量上进行限制，并禁止车辆在物业区域内特别是居住区内鸣笛。还可以对物业区域内的机动车道路采取曲线型，使车辆进入物业区域后不得不降低速度以减少噪声。特别需要注意的是，应尽量避免使物业区域的道路成为车辆的过境交通要道。

（4）加强精神文明教育，制定必要的管理办法

对生活噪声来讲，加强精神文明教育和建设，让物业业主、使用人和受益人懂得尊重别人就是尊重自己的道理，尽量减少生活噪声，不失为一个积极的良策。同时，还应制定必要的管理办法，以作为防治生活噪声的辅助措施。

思考与练习

1. 物业噪声包括哪些分类？
2. 物业噪声有什么特点？
3. 物业噪声有哪些危害？
4. 可以采用什么办法来控制噪声污染？

第 4 节　物业装修污染与防治

物业装修污染是新出现的环境污染，是指在居所、办公场所、公共场所等全封闭或半封闭的室内环境中，因为装修行为而产生的对人体有害的气体，以及其他超过环境自净能力的物质进入室内环境后，对环境和人体健康产生不利影响的现象。

一、物业装修污染的分类

1. 按污染的表现形式分类

按污染的表现形式可以分为空气污染、噪声污染、各种废弃物污染以及视觉污染和设计污染。这一分类有助于人们对室内装修活动可能造成的污染进行分门别类的控制，对不同表现形式的污染采用相对应的控制防范措施。例如：控制空气污染，可以从规范环保建材入手；控制噪声污染，可以要求装修人员严格遵守施工时间的要求，或采取防

噪声的其他措施；控制视觉污染和设计污染，可以请专业的室内装修设计公司来设计。

2. 按污染物的种类分类

按污染物的种类可以分为甲醛污染、苯污染、氨气污染、氡污染、铅污染。这些污染物主要是针对室内空气污染而言，这些物质是看不见摸不着的，它们混合在空气中，通过呼吸道进入人体，对人体产生各种不良影响。据称，氡、苯、甲醛、氨、三氯乙烯这些室内空气污染物会导致人体 35.7%的呼吸道疾病，22%的慢性肺病和 15%的气管炎、支气管炎和肺癌，它导致的是多系统、多器官、多组织、多细胞、多基因的损害。因此，为避免室内装修污染的侵害，在选购装修材料时应避免使用含有有害物质的材料，采用符合国家标准的绿色建材。

3. 按室内装修污染发生的场合分类

按室内装修污染发生的场合可以分为居所污染、办公场所污染及公共场所污染。由于居所具有很大的私密性，属于个人的隐私空间；而办公场所以及纯公共场所，比如商场、娱乐场所等又具有很强的开放性，因此，在不同的场合其污染防范措施应当不同，比如，相较于私密性较强的居室空间环境而言，公共空间就应当采用不同的防范措施。

二、物业装修污染的主要来源

对于大多数家庭来说，室内污染的最主要物质就是甲醛。甲醛是黏合剂的重要组成部分，所以凡是涉及黏合剂的，包括人造板、涂料、地毯、家具都会含有甲醛，如果单项超标必然会引起空气质量的不达标。另外，值得注意的是，即使每项产品都在范围之内，如果房间中这些含有甲醛的建材太多，累加起来也容易引起空气质量不合格，所以业主在确定装修方案的时候，就应该有所把握，尽量不要过于复杂。现阶段，物业装修污染主要来源于装修材料污染，装修材料污染主要来源于以下几方面：

1. 木工板

木材来自天然本身无毒，但是其加工时使用尿醛胶粘接，从而形成甲醛的污染源；尤其棕纤板、密度板、刨花板胶水含有大量甲醛（成品板式家具、橱柜使用此板较多）。建议装修中现场制作家具多采用实木指接板或无毒大芯板，可以大幅减少或杜绝甲醛的污染。

2. 胶水

家庭装修中使用胶水的主要成分为甲醛，使用胶水的地方如墙面乳胶漆基层的腻子胶，粘贴木工板使用的白乳胶，粘贴墙纸中的墙纸胶。100 米^2 的居室使用的胶水在 100 千克以上，国家标准胶水甲醛含量为 1 克/千克，那么装修完后居室基本有 100 克甲醛，按照标准换算前三年污染源可能超标3倍以上，污染源几乎笼罩整个房间，使新房成为毒气室。胶水的污染是装修中占有比例最大的污染源。建议家庭装修使用无毒植物胶或零甲醛胶水，或者尽量避免大面积使用化学胶水，可以杜绝装修污染源60%以上。

3. 油漆

因为其含有大量刺鼻的苯，因此人们对油漆感知最为强烈；家庭装修中油漆只是局部使用，加上油漆的挥发相当快，三天可以挥发有害物质70%以上。因此其不是最大的污染源。建议使用水性油漆（加水即可稀释，油性油漆要加含有苯的天那水或香蕉水稀释）替代即可避免。

三、物业装修污染的检测标准

近年来有害于健康的装修污染，已经引起全球性人口发病和死亡率的增加。其原因是在新建和重建的建筑物选用的建材中含有害物质，并且严重超标。施工质量差，就会造成室内环境中的空气污染。在人们日常工作和生活的环境中如果含有可溶性重金属（如铅、镉、铬、汞）、游离甲醛、甲醛、总挥发性有机物（TVOC）、苯、甲苯、二甲苯、乙苯、氯乙烯单体、苯乙烯、氨、氡等有毒有害物质，轻则会使人体引起咽喉炎、胸闷、头昏、视力下降、皮肤起疱等，重则会影响人体的免疫系统、引起血液病及其他严重疾病，甚至致癌。

为了检测物业装修是否合格，可以依照室内空气质量标准（GB/T 18883—2002）对房屋进行检测，见表4—4—1。

表4—4—1　　室内空气质量标准（GB/T 18883—2002）（摘录）

序号	参数类别	参数	单位	标准值	备注
1	物理性	温度	℃	22～28	夏季空调
				16～24	冬季采暖
2		相对湿度	%	40～80	夏季空调
				30～60	冬季采暖
3		空气流速	m/s	0.3	夏季空调
				0.2	冬季采暖
4		新风量	m^3/h·人	30	
5	化学性	二氧化硫 SO_2	mg/m^3	0.50	1h均值
6		二氧化氮 NO_2	mg/m^3	0.24	1h均值
7		一氧化碳 CO	mg/m^3	10	1h均值
8		二氧化碳 CO_2	%	0.10	1h均值
9		氨 NH_3	mg/m^3	0.20	1h均值

续表

序号	参数类别	参数	单位	标准值	备注
10	化学性	臭氧 O_3	mg/m^3	0.16	1小时均值
11		甲醛 HCHO	mg/m^3	0.10	1小时均值
12		苯 C_6H_6	mg/m^3	0.11	1小时均值
13		甲苯 C_7H_8	mg/m^3	0.20	1小时均值
14		二甲苯 C_8H_{10}	mg/m^3	0.20	1小时均值
15		苯并［a］芘 B（a）P	ng/m^3	1.0	1小时均值
16		可吸入颗粒物 PM10	mg/m^3	0.15	1小时均值
17		总挥发性有机物 TVOC	mg/m^3	0.60	8小时均值
18	生物性	菌落总数	cfu/m^3	2 500	依据仪器定
19	放射性	氡 ^{222}Rn	Bq/m^3	400	年平均值（行动水平）

四、物业装修污染防治

1. 控制装修污染的入口

（1）防止室内空气污染应从头做起，即在设计、工艺、材料几个方面加强防范

在装修时，应尽量选用环保的无毒或少毒材料，并且请正规的家装公司按环保要求施工。购买家具时，要选择有信誉保证的正规厂家生产的产品。装修完后，不要立即入住，可以采用小粒径负离子清除室内甲醛，在房屋建筑过程中，要注意装修材料的选择，装修材料选择注意事项，见表4—4—2。

表4—4—2　　装修材料选择注意事项

材料选择	住宅装饰装修应采用A类天然石材，不得采用C类天然石材，应采用E1级人造木板，不得采用E3级人造木板
内墙涂料	严禁使用聚乙烯醇水玻璃内墙涂料（106内墙涂料）、聚乙烯醇缩甲醛内墙涂料（107、803内墙涂料）
粘贴壁纸	严禁使用聚乙烯醇缩甲醛黏合剂（107胶）
木地板及其他木质材料	严禁采用沥青类防腐、防潮处理剂处理，阻燃剂不得含有可挥发氨气成分
粘贴塑料地板	不宜采用溶剂型黏合剂。脲醛泡沫塑料不宜作为保温、隔热、吸声材料

（2）在施工要求方面，住宅装饰装修中所用的稀释剂和溶剂不得使用苯（包括工业苯、石油苯、重质苯，不包括甲苯、二甲苯）

1）严禁使用苯、甲苯、二甲苯和汽油进行大面积除油和清除旧油漆作业。

2）涂料、黏合剂、处理剂、稀释剂等溶剂使用后，应及时封闭存放，废料应及时

清出室内，严禁在室内用溶剂清洗施工用具。

3）进行人造木板拼接时，除芯板为 E1 级外，断面及边缘应进行密封处理。

4）加强室内通风非常关键，几大主要污染物质通过加强通风都可以大量清除。装修好的居室不能马上入住，要尽量通风散味，做好空气净化工作。但是，不能打开所有门窗通风，因为这样对刚刚涂刷完毕的墙面及顶棚漆不利，会使漆急速风干，容易出现裂纹。

2. 解决物业装修污染的物理办法

（1）竹炭、活性炭吸附法

竹炭、活性炭是国际公认的吸毒能手，活性炭口罩，防毒面具都使用活性炭。竹炭是近几年才发现的一种比一般木炭吸附能力强 2～3 倍的吸附有害物质的新型环保材料。竹炭的特点：物理吸附、吸附彻底、不易造成二次污染。

（2）通风除装修污染

通过室内空气的流通，可以降低室内空气中有害物质的含量，从而减少此类物质对人体的危害。冬天，人们常常紧闭门窗，室内外空气不能流通，不仅室内空气中甲醛的含量会增加，氡气也会不断积累，甚至达到很高的浓度。

（3）植物除味法

中低度污染可选择植物去污：一般室内环境污染在轻度和中度污染、污染值在国家标准 3 倍以下的环境，采用植物净化能达到比较好的效果。根据房间的功能、面积的大小选择和摆放植物。一般情况下，10 米^2 左右的房间，1.5 米高的植物放两盆比较合适，常用的植物见表 4—4—3。

表 4—4—3　　空气净化常用植物

植物	图示	净化空气效果
吊兰		24 小时内，一盆吊兰在 8～10 米^2 的房间内可杀死 80%的有害物质，吸收 86%的甲醛
虎尾兰		一盆虎尾兰可吸收 10 米^2 左右房间内 80%以上多种有害气体

续表

植物	图示	净化空气效果
芦荟		在 24 小时照明的条件下，可以消灭 1 米^3 空气中所含的 90%的甲醛
常春藤		一盆常春藤能消灭 8～10 米^2 的房间内 90%的苯
龙舌兰		在 10 米^2 左右的房间内，可消灭 70%的苯、50%的甲醛和 24%的三氯乙烯
月季		能较多地吸收氯化氢、硫化氢、苯酚、乙醚等有害气体

3. 解决物业装修污染的化学方法

物理吸附很安全，虽对人体无害，但不能根治有害物质，而化学喷剂可以直接针对污染源作用，能从根源上消除污染，但容易形成二次污染，常用比较安全的化学用剂，见表 4—4—4。

除此以外，目前市面上还新兴草本喷剂去除法，它是通过喷洒植物提取液吸收分解去除甲醛，它结合了植物去除法和化学去除法的优点而摒弃了它们的不足，较化学去除甲醛法它安全无二次污染，比植物去除法，由于它是草本提取液，所以效果比较好。

表 4—4—4　　常用化学用剂

名称	说明
甲醛捕捉剂	一种透明的无色无毒的水溶剂，它能够持续长时间同残留在装饰材料中的甲醛进行反应。直接涂刷或喷在人造板材等木制品的表面即可
光触媒	作为涂料的添加剂。加入光触媒的涂料刷涂后可以有效分解消除室内甲醛、苯、氨等各种有害气体。装修施工时使用
克苯灵	主要用于去除家装家具油漆中的苯系物。直接喷涂刷油漆家具或地板表面，待干后用干净的软布或海绵轻轻擦亮
甲醛测试剂	甲醛快速检测盒中的化学试剂可与空气中甲醛发生化学反应，生成紫红色化合物，通过颜色的深浅来直接判断空气中的甲醛含量

思考与练习

1. 物业装修污染概念是什么？
2. 物业装修污染的主要来源是什么？这些来源有什么危害？
3. 解决物业装修污染可以采取什么化学方法？
4. 能有效吸附甲醛的植物有哪些？